Enterramientos de Balberta un sitio en la Costa Sur de Guatemala

Algunas comparaciones con otros sitios e inferencias sobre su organización social

Barbara Arroyo

BAR International Series 559
1990

B.A.R.

5, Centremead, Osney Mead, Oxford OX2 0DQ, England.

GENERAL EDITORS

A.R. Hands, B.Sc., M.A., D.Phil.
D.R. Walker, M.A.

BAR -S559, 1990: 'Enterramientos de Balberta, un sitio en la Costa Sur
    de Guatemala'

ISBN 9780860547068 paperback
ISBN 9781407348551 e-book
DOI https://doi.org/10.30861/9780860547068
A catalogue record for this book is available from the British Library
This book is available at www.barpublishing.com

PATRON FUNERARIO EN BALBERTA, ESCUINTLA; ALGUNAS COMPARACIONES CON OTROS SITIOS E INFERENCIAS SOBRE SU ORGANIZACION SOCIAL

INDICE

INDICE DE TABLAS

INDICE DE FIGURAS

AGRADECIMIENTOS

El presente trabajo se llevó a cabo gracias a la confianza y apoyo del Dr. Frederick J. Bové. El mismo fue parte de las investigaciones dirigidas por él en Balberta, Escuintla, como parte del Proyecto Regional de la Costa Sur durante 1986 y 1987. Este fue presentado originalmente como mi trabajo de tésis para obtener la licenciatura en arqueología. Desde ese tiempo, hasta la fecha de esta publicación, algunos nuevos descubrimientos fueron llevados a cabo en Kaminaljuyú y otros sitios de los cuales se hace mención en la sección comparativa.

Otras personas colaboraron con observaciones y trabajos inéditos, a los cuales les estoy muy agradecida así como aquellos que ayudaron a la completación del análisis de laboratorio.

PATRON FUNERARIO EN BALBERTA; ALGUNAS COMPARACIONES CON OTROS SITIOS E INFERENCIAS SOBRE SU ORGANIZACION SOCIAL

INTRODUCCION

En arqueología los restos materiales culturales son los que aportan la información sobre el problema que estamos interesados en investigar. Parte de esos restos son los humanos, que contienen una cantidad grande de información sobre la población directamente. Entre ellos, la estatura, sexo, enfermedades, níveles de nutrición, diferencias de status y otros, son determinantes para inferir datos sobre la estructura social, económica y cultural de un grupo social dado; igualmente, los esqueletos humanos pueden proporcionar información sobre los cambios de la población, intrusiones y otros. A pesar de que son una fuente importante de información, los esqueletos han sido desestimados como tal y únicamente se ha tomado de ellos, el sexo y la edad como una mera descripción de la población del sitio investigado.

Los esqueletos encontrados en los entierros de sitios arqueológicos son los restos físicos de las personas que alguna vez habitaron el lugar. Ellos son la evidencia más directa de la población que habitó una región, y por lo tanto, el estudio de los mismos, unido a los restos materiales dejados por estos individuos, permite una reconstrucción de la sociedad de los antiguos habitantes y una mejor comprensión de su desarrollo. Así, vamos a conocer la visión de la muerte de las sociedades antiguas y su patrón funerario, el cual puede ser un reflejo de sus necesidades rituales y ello será una base de datos para hacer inferencias sobre su organización sociopolítica y religiosa, como veremos más adelante. Debemos tomar en cuenta que la arqueología trata de explicar a las sociedades pasadas, y el hombre es el elemento principal del cual necesitamos conocer su conducta. La muerte fue un fenómeno que afectó este comportamiento y así, estudiando los patrones funerarios, podemos conocer parte de su ideología y forma de actuar respecto a este fenómeno.

Varios autores han trabajado sobre la teoría antropológica de los patrones funerarios. Entre los más especializados están: Brown (1971), Saxe (1971), y Binford (1972). Estos autores mencionan que la tradición funeraria de un grupo social tiene relación directa con la creencia de la vida después de la muerte. Saxe (1971) menciona que según la forma en que el individuo haya sido enterrado, se puede conocer la posición ocupada dentro de un grupo social y también las diferencias de éste en relación a otros grupos. En los entierros se manifiesta la filosofía de los hombres: se conoce su religión y sus creencias y con ello, las diferencias culturales entre cada uno. También se dice que las formas de colocar al muerto evidencian resultados en cambios de vista sobre la vida futura (Binford, 1972). Childe por su parte, en base a un análisis componencial y de analogías etnográficas, interpreta que los cambios en las prácticas mortuorias resultan de un cambio en la base de la subsistencia. (en Bartel, 1982:48). Existe una diferencia en el tratamiento mortuorio, según la causa de la muerte y las diferencias en los rituales mortuorios, varían directamente con el status. La muerte como un fenómeno social es un proceso dual y doloroso de desintegración mental. Hertz (1960) tenía la creencia de "otra vida" diciendo que fue la resolución de contradicciones entre la continuidad de sistemas sociales existentes y la naturaleza transitoria de los miembros de una sociedad. Radcliffe-Brown vió la muerte como pérdida de partes constituyentes del grupo. Según él, la muerte de un miembro de la sociedad provoca un desequilibrio y problemas en la cohesión social. Por otro lado, Malinowski señala un miedo a la muerte por parte de los miembros de la sociedad (en Bartel, op. cit.:40-43).

Al conocer los entierros, podemos apreciar las condiciones de desarrollo físico del hombre, al igual que las condiciones biológicas de la fuerza de trabajo. Por otro lado, al conocerlo asociado con todo el equipo litúrgico adicional, podemos advertir el nível de desarrollo de las fuerzas productivas. El estudio de la parafernalia y el ajuar funerario son un buen indicador de las diferencias sociales derivadas de la redistribución social de la riqueza. Por eso, el estudio de los entierros es un excelente medio de conocer la existencia o no de estamentos en una sociedad dada. Con análisis más detenidos podremos conocer diferencias de nutrición entre uno y otro estamento social (Lumbreras, 1974:71).

ANTECEDENTES

Balberta es un sitio arqueológico localizado en el municipio de La Democracia, departamento de Escuintla, república de Guatemala. Se encuentra en la Planicie Costera Baja del Pacífico, a 19 kilómetros de la costa. Está en terrenos de la Finca Santa Rita los Amates y fue registrado por Shook en 1969 al hacer un recorrido aéreo del área. El intentó hacer una recolección de superficie pero debido a la vegetación de aquel tiempo le fue imposible. Según él, la rígida formalidad de su arquitectura sugería un sitio Clásico Temprano (Bové, 1984). Un antiguo propietario reportó haber encontrado esculturas, pero ellas nunca llegaron a ser vistas por lo que no se tiene evidencia real de su existencia.

El Dr. Frederick J. Bové se interesó por el sitio en 1979, al estar realizando reconocimientos en el departamento de Escuintla. Al continuar sus investigaciones pensó que Balberta podría ser un centro regional mayor, el cual aparentaba estar fortificado con una ubicación cronológica del Formativo Terminal al Clásico Temprano . La transición Formativo Terminal-Clásico Temprano (200AC-400DC), es un época que se ha caracterizado por grandes y extensas reestructuraciones sociales, políticas, demográficas y económicas (Bové, op cit.).

2

Esto no sólo ocurrió en la Costa Sur sino en el sur de Mesoamérica en general. Se pensó que tales cambios estarían relacionados con el surgimiento de Teotihuacan como un centro de poder de importancia en el área para el Clásico Temprano. En la Costa Sur, al final del Formativo e inicios del Clásico Temprano, parece haber un abandono de sitios y\o transtornos culturales. Por ejemplo, la región de Tiquisate, sufre cambios durante esta época, posiblemente debido a un contacto teotihuacano (Bové, 1985:83), al igual que el sitio Kaminaljuyú en el altiplano de Guatemala (Kirsch, 1973). En Izapa, el protoclásico está dividido en dos horizontes estilísticos diferentes, debido posiblemente tanto a eventos locales como extranjeros (Lowe, Lee y Martínez, 1982:135-139) lo que hace sugerir una conquista al este de Soconusco posiblemente vinculado con la erupción del volcán Ilopango de El Salvador (Sheets, 1976). Lo mismo ocurre en varios sitios de las Tierras Bajas Mayas, donde el sitio El Mirador, el más grande centro Maya para el Formativo Tardío-Terminal, es casí abandonado en el Clásico Temprano (Demarest y Fowler, 1984).

Según la información anterior y el interés del Dr. Bové, en 1984 realizó algunas excavaciones en el área ceremonial y doméstica de Balberta y en 1986, se inició el proyecto de excavaciones y reconocimiento en el sitio y sus alrededores con fondos de la Fundación Nacional de Ciencias de Estados Unidos, la Sociedad National Geographic y la Universidad de California en Santa Barbara. El proyecto fue dirigido por él, y contó con la participación de estudiantes del Area de Arqueología de la Universidad de San Carlos de Guatemala.

Según las investigaciones llevadas a cabo entre las temporadas 1984, 1986 y 1987, se pudo determinar que el sitio Formativo Tardío y Terminal estaba concentrado en la parte suroeste del centro ceremonial, alrededor de la estructura 21 (fig. 1) estando posiblemente bajo el dominio de San Antonio, un centro mayor Formativo Tardío-Terminal a 6.1 kms al oeste (Bové, 1984). Alrededor del 200 DC, el complejo Clásico Temprano fue construído en muy corto tiempo, utilizando una gran fuerza de trabajo para ello, habiendo sido ocupado aproximadamente entre 150 y 200 años según la superposición de construcciones que tienen una secuencia de ocupación.

Balberta central, está construída en una plataforma baja con 25 estructuras que varían en altura hasta los 10 metros. Tiene un muro al noroeste, oeste y sur que lo limita, al igual que el zanjón deliberadamente desviado en la zona noreste y este. Entre sus estructuras mayores se encuentra una plataforma de dos niveles de 180 x 160 metros, donde se encontró evidencia de residencias, aparentemente de la élite, al igual que otras actividades relacionadas con el mismo grupo. (fig. 1)

Para conocer bien la época y los cambios en el patrón de asentamiento y población en que el proyecto enfocó su investigación, se realizaron reconocimientos extensivos tanto en Balberta como en sus alrededores, conllevando estos un número grande de sitios. Así también, se hicieron excavaciones extensivas. La brecha norte, consistió en una área de 3 kilómetros de largo por 600 metros de ancho, hacia el norte de Balberta Central, la cual fue reconocida y excavada.

Se localizaron 25 montículos habitacionales en este lugar, correspondiéndo a contextos domésticos. De éstos 22 sitios o sea el 88 %, se excavaron con pozos de prueba de 2 x 2 metros, los cuales fueron ampliados cuando las circunstancias así lo obligaron. Como resultado de lo anterior, 3 montículos (14%) no fueron identificados como sitios después de analizar los resultados de las excavaciones. En siete sitios (37%) se encontraron 16 entierros. En la mayoría de los casos los pozos se hicieron al centro del montículo, siendo allí donde se encontró la mayoría de los entierros, aunque algunas veces cuando se hicieron los pozos en la base, también los hubo. Esto quiere decir que no solo al centro eran enterrados los individuos, sino en otros lugares del montículo. Curiosamente, en el centro ceremonial, sólo se encontraron 3 entierros como veremos más adelante. Al sur, se localizaron 6 montículos habitacionales, de los cuales se excavaron 2 (33%), encontrándose un entierro en cada uno de ellos.

En el Parcelamiento El Pilar, al este del sitio, se hizo un reconocimiento controlado de 13 kms.[1], encontrándose 90 sitios con ocupaciones desde el Formativo Medio hasta el Clásico Tardío. Se pensó excavar el 25% de los sitios encontrados en el lugar, pero debido a problemas con permisos para hacerlo de parte de los propietarios de las parcelas, solo se excavó en 9 sitios, siendo el 10% del total de los sitios en el Parcelamiento. Todos los sitios excavados tuvieron una ocupación del Clásico Temprano, se escogieron así para conocer mejor las características del patrón de asentamiento de Balberta (Medrano y Arroyo, 1987). De estos 9 sitios excavados 3, o sea el 33%, arrojaron información de entierros. Al igual que la brecha norte, se realizaron pozos de prueba de 2 x 2 metros al centro de los montículos y allí fue donde se encontraron los entierros.

Resumiendo, en un área de 22 kms.[1], donde se realizaron reconocimientos controlados y excavaciones, pudieron registrarse 122 sitios de los cuales se excavaron 31, o sea el 26%, dando como resultado los 26 entierros que son el objeto de investigación del presente trabajo. Además de los reconocimientos en la Finca Santa Rita los Amates y el Parcelamiento El Pilar, se realizaron otros en los alrededores y afuera de Balberta (Fincas San Carlos, San Patricio, Santa Mónica, Praisa, etc.) donde no se hicieron excavaciones, por lo que la muestra de los 26 entierros está limitada al área ya mencionada. Es importante señalar que tomando en cuenta los porcentajes de sitios excavados en la brecha norte (de un 74%, el 37% tenían entierros), y los entierros encontrados, la muestra es representativa para hacer inferencias sobre la población de Balberta durante el Formativo Terminal y Clásico Temprano.

OBJETIVOS

El número elevado de entierros de contextos bien controlados pertenecientes a un período de tiempo corto y crítico, nos dió la oportunidad de conocer y comprender mejor el patrón de asentamiento y funerario de Balberta, siéndo este un aporte novedoso a la arqueología de Guatemala. Los reportes sobre entierros en las excavaciones arqueológicas generalmente se mencionan como parte de los hallazgos, sin analizarlos sistemáticamente como fuente de información para un mejor conocimiento de la estructura social del sitio investigado. Siendo parte de los objetivos del Proyecto conocer la relación de los cambios sociopolíticos con respecto a la población, los entierros pueden ayudarnos a establecer y comprender estos cambios.

Otros objetivos del proyecto fueron: conocer la relación entre la población del Formativo Terminal y la del Clásico Temprano; salud, nutrición y crecimiento demográfico durante la transición de estos dos períodos; establecer si la población era intrusiva en el área, y si la misma afectó en el cambio y formación de nuevos centros de poder; si era una intrusión, establecer de dónde venía; si las hubo, señalar relaciones con otros sitios, y conocer el patrón de asentamiento para ambas épocas, a modo de señalar los cambios si es que existieron entre una y otra época.

Tomando en cuenta los objetivos del proyecto, se estableció que los entierros podían ayudarnos a alcanzar algunos de los mismos, involucrando a los objetivos de la presente investigación los cuales son:

    a. conocer la tradición funeraria de Balberta
    b. establecer la cronología de los entierros
    c. compararlos entre sí para determinar diferencias de estatus
    d. confirmar la relación del sector o sectores periféricos con Balberta Central
    e. establecer el lugar que cada individuo ocupó dentro de la organización social y económica del sitio y
    f. conocer condiciones físicas y biológicas de la fuerza de trabajo.

METODOLOGIA

Aquí explicaré el proceso de trabajo efectuado con los entierros, desde su hallazgo y exposición, hasta su posterior traslado al laboratorio para el análisis. Todo ello permitirá comprender el tratamiento dado a los mismos. En el campo, los huesos fueron expuestos casí en su totalidad, dejando una banqueta de tierra en la base, a modo de que cierta parte de ellos quedara adherida a la tierra. Después de dibujarlos y fotografiarlos, los esqueletos fueron levantados y seguidamente, luego de envolverlos en papel de aluminio y periódico, se colocaron en cajas con su número correspondiente para ser trasladados al laboratorio.

En este lugar se procedió a la limpieza, quitando la tierra alrededor de ellos y en los casos donde fue posible, la que estaba dentro de los huesos mismos. Para ello, utilizamos brochas delgadas, pínceles, pinzas de dentista y pequeñas cuchillas. En algunos casos usamos agua para poder completar la limpieza de los huesos, pero esto ocurrió pocas veces ya que la condición de los mismos no podía soportar este tratamiento. Toda la tierra alrededor de los huesos se guardó para futuras pruebas de flotación. Los huesos que estaban rotos, se pegaron y los que no estaban en buen estado de conservación, se decidió aplicarles una solución de acetato polivínilico y alcohol al 10% para poder consolidar los que necesitaban este tratamiento. Sólo se les colocó la solución a los huesos en muy mal estado, pues se guardó una muestra para posteriores análisis químicos, que habrían sido alterados de habérseles puesto la mencionada solución. Es importante señalar que en el campo no se les aplicó ninguna clase de consolidante ya que la humedad no permitió hacerlo.

Mientras se hacía la limpieza, estuve realizando apuntes referentes a datos significativos que podían observarse a simple vista (color de la tierra alrededor de los huesos, color de los huesos, estado de conservación, anomalías físicas, huesos presentes, etc.). Una vez limpios y consolidados, se colocaron en cajas de cartón con el número correspondiente del entierro. La muestra de dientes fue grande, además de estar bien conservados, por lo que pudo hacerse un estudio preliminar de los mismos el cual se encuentra en el Apéndice I. Este apéndice fue hecho en base a la muestra de dos dientes por cada individuo; generalmente un molar y un incisivo, aunque en los casos donde no se tenían estos, se usaron otros. Algunas veces los dientes del apéndice no corresponden a los individuos de los entierros, por lo que posiblemente los mismos fueron puestos como ofrendas.

Al terminar con la limpieza de todos los huesos, proseguí con la medida de los mismos. Utilizé el sistema propuesto por Brothwell (1981) y Bass (1971). Después de tener los datos mencionados, inicié la recopilación de los apuntes de campo de cada uno de los estudiantes encargados de las excavaciones donde hubo entierros. En base a los mismos, completé una ficha con la información básica esencial la cual encontrarán en el Capítulo I de este trabajo. Para establecer claramente posición del individuo y ofrendas, utilizé las notas y fotografías de campo ya que los entierros eran registrados por cada estudiante encargado de la excavación sin tener un sistema establecido con anterioridad, y no fue sino hasta 1987 cuando se implementó uno, para que hubiera uniformidad en la información. El resultado de este esfuerzo inicial, es el Capítulo I, donde se encuentra toda la información pertinente de cada entierro incluyendo su sexo y edad.

A continuación, explicaré la forma como determiné el sexo, edad y estatura de los individuos. Es cierto que no es válido sexar en base sólo a las ofrendas (Marcus, 1978), pero si nos encontramos con las limitaciones de la mala conservación de huesos que son determinantes para establecer el sexo del individuo, como por ejemplo la pélvis, pero las características óseas que se tienen y se observan dan como resultado la idea del sexo del individuo, existe una mayor probabilidad de que el uso de las ofrendas sea correcta para asegurar la determinación del sexo (Morales, 1987). El sexo pudo determinarse, en algunos casos, por las características óseas del craneo, mandíbula y huesos largos observadas en el laboratorio. En la mayoría de los casos, se apreció que la pélvis estaba en pésimo estado de conservación por lo que los dibujos y fotografías ayudaron cuando la misma era apreciable en el campo. Unida esta información a la proporcionada por las ofrendas, tuve una visión más clara del sexo del individuo.

La edad de los mismos fue establecida por las suturas craneales, tamaño y densidad de los huesos y los dientes; asi pude colocar en cuatro rangos de edad a los entierros (Brown, 1971). Los mismos son: niño: 0-7 años, prepubertad o subadulto: 8-19 anos, adulto jóven: 20-39 años y adulto maduro: 40 + años. Para conocer la estatura, utilizé la tabla de Genovés (1966) sobre su estudio de grupos indígenas del Centro de México. Debo señalar que utilizé este material por estar representando a grupos indígenas de una región de Mesoamérica, ya que otros autores han basado sus tablas de estaturas en base a poblaciones de grupos blancos y negros lo que no sería aplicable a la muestra de Balberta. A pesar de ello, no estoy de acuerdo en los resultados obtenidos con la tabla de Genovés, ya que me pareció que no era representativa en varios casos, considerando la estatura del individuo in situ y la obtenida después de usar su información (posiblemente la estatura in situ no este correcta ya que la misma la saqué de los dibujos de campo realizados por los encargados de cada excavación y por eso haya diferencias marcadas entre las obtenidas cuando tomé la medida de los huesos). Creo que sería más conveniente tomar una muestra de estaturas de los entierros prehispánicos conocidos en la Costa Sur o bien, de grupos actuales indígenas cercanos a la región (p.e. cakchiqueles) y realizar una tabla en base a los mismos, para obtener un enfoque comparativo cuando sea necesario un estudio de este tipo. Además hice otros cálculos de estaturas según la tabla de Trotter y Gleser (en Brothwell, 1981), la cual parece aplicarse mejor a la muestra de Balberta.

En el Capítulo II, se incluye la información referente al patrón funerario del sitio, en donde se explica la uniformidad del patrón funerario, tomando en cuenta la preparación del terreno, posición y orientación del individuo y relación de la orientación con los puntos cardinales. También se señala la importancia de las ofrendas para determinar la función social de los individuos de aquella

sociedad, aspectos de los entierros en parejas y un análisis
comparativo de los entierros dentro de Balberta. En el
Capítulo III, se hace una comparación de los patrones
funerarios en la Costa Pacífica desde Chiapas hasta El
Salvador, además de otros sitios de Mesoamérica, describiendo
los mismos para la época de Balberta a modo de poder
establecer diferencias y relaciones entre los diferentes
patrones funerarios de los sitios de la región.

CAPITULO I

DESCRIPCION DE LOS ENTIERROS DE BALBERTA

En este capítulo se encuentran las descripciones y la información básica de los entierros. Para cada entierro, se tiene una la siguiente información: número de sitio, localización, breve descripción de la excavación, descripción del entierro, orientación, ofrendas y comentarios. La numeración de los entierros se llevó a cabo según el orden en que se encontraron en el campo y no se cambió por considerar que podría haber confusión al interpretar los datos ya que todos los artefactos asociados al entierro estaban marcados o etiquetados con el número original con que se encontraron.

En cuanto al sistema utilizado para referirnos a la colocación del individuo y tipo de enterramiento, usé el sistema propuesto por Romano (1978). Según su trabajo, los enterramientos pueden ser: directos e indirectos, primarios y secundarios colocados en diferentes posiciones.

Directos: aquellos realizados en un agujero regular o irregular, profundo o somero, no hay preparación especial del terreno para la disposición del cadáver.

Indirectos: construcciones hechas con fines funerarios, las paredes y pisos tienen tratamiento especial, pudiéndose encontrar arreglos arquitectónicos elaborados. También pueden ser realizados en cuevas, cenotes, grutas, cavernas, sótanos, chultunes, urnas y fosas (que generalmente tienen forma regular con pisos y paredes techadas con losas). Entran en esta clasificación aquellos cadáveres amortajados en tejidos o petates formando un bulto.

Primario: al momento de su exposición se encuentra in situ, complejo y en relación anatómica todas sus partes óseas. Pueden ser primarios cualquier inhumación de uno o varios segmentos cuyas partes óseas esten en relación anatómica al igual que los que hayan sido modificados, accidentalmente o por causas naturales.

Secundario: el que no muestra una relación adecuada con sus partes óseas, removidos originalmente y agrupados irregularmente.

Posiciones:

Extendido: de decúbito ventral, de decúbito dorsal, de decúbito lateral derecho, de decúbito lateral izquierdo.

Flexionado: de decúbito ventral, de decúbito dorsal, de decúbito lateral derecho, de decúbito lateral izquierdo. Sedente y posiciones irregulares. (Romano, 1978)

DESCRIPCION DE LOS ENTIERROS

ENTIERRO 1

Sitio No.:   612103

Localización:
 Montículo de habitación localizado en la brecha norte (fig. 2), de 50 centímentros de altura y con dimensiones de 30 por 30 metros. Este sitio está en la entrada a la Finca Santa Rita Los Amates, atrás de la casa de la guardianía y a 30 metros del camino que conduce hacia el Parcelamiento Los Angeles.

Excavación:
 Se hizo un pozo de dos por dos metros al centro del montículo. Aproximadamente entre 40 y 60 centímetros, se obtuvo una alta densidad de cerámica que parece corresponder al período Formativo Terminal. La densidad de la obsidiana fue también alta (solo para este lote, 39 piezas). En este mismo lote se recuperaron tres fragmentos de piedras de moler.

 En el lote 03, a 65 cms., se localizó el Entierro 1. Su estado de conservación fue bastante malo. Se debe considerar que tal cosa se debió a lo cercano de la superficie por lo que la actividad agrícola y algunas raices debieron provocar disturbio en él. Como la concentración de huesos se localizó al suroeste, se debió hacer una extensión de uno por un metro en ese lado del pozo. Según el material recuperado (Arenal, Usulután, Balberta Ware) la época de este entierro corresponde al Formativo Terminal.

Descripción del entierro:
 Es un entierro directo, posiblemente secundario, en posición irregular con el cráneo en el lado este. La estatura in situ aproximadamente fue de 1.25, aunque no se cree que ésta haya sido su estatura en vida ya que no se encontraron todos los huesos. El estado de conservación del cráneo fue bastante malo. Los huesos presentaron una coloración rojiza al igual que la tierra alrededor de ellos. (figs. 4 y 5)

Orientación: Az 293'

Ofrendas:
 Aunque no corresponde al mismo lote donde se localizó el Entierro 1, en el lote 02 se localizaron dos tiestos trabajados que podrían estar asociados al mismo. También un fragmento de piedra de moler, una mano de moler de forma redonda, dos malacates, una piedra pulida pequeña, una cuenta de jade. Esta cuenta fue encontrada cerca de la pared norte de la extensión. También un posible cuerpo de cántaro de cerámica estaba asociado al entierro.

Comentarios:
 No se encontraron piezas dentales de este entierro. Es importante señalar que dos lotes abajo (a 40 cms más de profundidad), se localizó el Entierro 4.

También se encontró un cuenco a 46 cms. de profundidad. Este estaba boca abajo, era de color rojo-café y debajo se encontró la mano de moler. Los malacates estaban al lado de los miembros inferiores. Las ofrendas de este entierro, parecieran indicar que fueron dedicadas a una mujer. El grosor de sus huesos era muy delgado, además de tomar en consideración que el sujeto fue enterrado con sus instrumentos de trabajo, como ha sido la tradición funeraria en Mesoamérica (Ruz, 1968).

El utilizar los malacates para hilar algodón y lana ha sido un oficio del sexo femenino dentro de las comunidades indígenas al igual que el moler el maíz. Hago la aclaración que el fragmento de metate pudo haber servido para moler otro tipo de grano o material y no lo considero determinante para establecer el sexo de este individuo aunque tampoco descarto la posibilidad que sus ofrendas sean un indicador de él. El jade fue utilizado indistintamente como ornamento y tenía un significado ritual como señala Sahagun (en Ruz, op cit.) que era puesto en la boca del muerto para asegurar su entrada al otro mundo pues de esa manera tendría como obtener su alimento. En este entierro la cuenta de jade se encontró al otro extremo del cráneo por lo que creo fue colocada sobre otra parte del cuerpo del individuo.

ENTIERRO 2

Sitio No.: 612104

Localización:
Montículo de habitación de 50 centímetros de altura y con una dimensión de 18 por 18 metros. Atrás de la casa de la guardianía en la entrada de la Finca Santa Rita Los Amates; a 15 metros del camino del Parcelamiento Los Angeles. Este montículo esta a 15 mts. al sureste del 612103 donde se localizó el Entierro 1. (fig. 2).

Excavación:
Se realizó un pozo de dos por dos metros al centro del montículo, (suboporación 05), habiéndose hecho dos extensiones; una al suroeste de uno por dos metros, denominándosele suboperación 06 y una de uno por un metro denominándosele suboperación 07. La época del entierro corresponde al Formativo Terminal (Arenal, Usulután, Tulito, Balberta Ware).

Descripción del Entierro:
Es un entierro directo, primario, en posición de decúbito ventral extendido con el cráneo orientado hacia el oeste y la cara viendo hacia abajo. La estatura media in situ fue de: 1.52 metros. (figs. 6 y 8). Este entierro parece corresponder a un individuo masculino adulto maduro.

Orientación: Az 264°

Ofrendas:
Solo tenía como ofrenda un cuenco negro con decoración incisa. Los diseños parecen simbolizar algo relacionado con

los puntos cardinales, pues tiene sus lados achatados con decoración incisa en forma de cruz rodeada por un círculo. Estaba colocado en la pared oeste de la suboperación 07 a 14 centímetros de la pared norte. Este cuenco está fragmentado en una parte y tiene cuatro soportes de botón, corresponde al Formativo Terminal.

Dientes:
Los restos dentales recuperados se encontraron muy mal conservados. Unicamente se localizó parte del maxilar inferior sin los dientes, a excepción de tres raíces. Dos de ellas todavía muestran una pequeña parte de los dientes, los cuales parecen muy gastados. El Dr. Luis Archila, cirujano dentista, del Centro Radiológico Maxilofacial (CEROMA) e investigador de la Universidad de Texas en San Antonio, opinó que si el individuo usó esos dientes en vida en el estado que se encuentran ahora, debió sufrir fuertes dolores pues tiene la pulpa totalmente expuesta. La otra posibilidad es que debido al mal estado en que se encontraba hubiera perdido toda sensación y usarlo sin molestias (comunicación personal, noviembre de 1986). Se puede decir que el desgaste pudo deberse al uso de sus dientes como otro instrumento en su trabajo o su vida en general, o bien por una dieta con alimentos muy abrasivos.

Comentarios:
El cráneo se descubrió a 105 centímetros de profundidad en lo que fue el lote 05. El terreno era más arenoso en relación a los niveles anteriores donde predominó el barro compacto. El entierro parece estar sobre terreno estéril. Los huesos en el campo estaban en regular condición de conservación. Presentaron una coloración rojiza, al igual que la tierra a su alrededor y se recogieron muestras de ella. El cráneo muestra los huesos parietales y el occipital bastante fragmentados. Unicamente se conserva parte de la mandíbula inferior derecha.

Un fragmento del cráneo localizado separado unos centímetros del resto de él, pareciera tener evidencia de mordidas de animal, aunque según la Licda. Vally Nance (comunicación personal, noviembre 1986) las mismas no son huellas de mordeduras sino que son las suturas que ya estaban osificadas y que fueron separadas del hueso al que se unían, lo que indicaría que la edad de este individuo sería de aproximadamente 40 años o más. Otra característica ósea que señaló la Licda. Nance son las inserciones musculares que se pueden apreciar en los huesos largos, principalmente indicando que era un individuo robusto haciendo uso de sus músculos por el trabajo que realizaba. En el cráneo también presenta inserciones musculares en el hueso occipital, lo que ayudaría a comprobar la idea de que era un individuo que realizaba esfuerzo muscular con la cabeza y su espalda.

En el fémur derecho se puede apreciar un agrandamiento que no parece natural, el cual podría ser por inserción muscular, o bien un cayo óseo debido a una quebradura o molestias de algún ligamento que afectó al hueso. En el fémur izquierdo tiene una sección al centro del lado frontal que parece mostrar evidencia de haber sido afectado por el escorbuto (Saul, 1973).

En el nível del entierro, se recogieron muestras de carbón, también de la tierra rojiza cerca de los huesos. En el mismo lote, asociado a este entierro se localizó el Entierro 3.

En el lote 05, se encontró un fragmento de un cuenco café negro poco profundo del Formativo Terminal, y dos fragmentos de orejeras de cerámica que podría corresponder a este entierro. Estos objetos también podrían estar asociados al Entierro 3 pues estaba en el mismo lote.

ENTIERRO 3

Sitio No.:   612104

Localización:
 Montículo de habitación, de 50 cms. de altura atrás de la casa de la guardianía de la Finca Santa Rita los Amates . Es el mismo montículo donde se localizó el Entierro 2. (fig. 2).

Excavación:
 Se realizó un pozo de dos por dos metros al centro del montículo , siendo éste la suboperación 05.   Al encontrar restos óseos se hicieron dos extensiones. La suboperación 06, al suroeste de uno por dos metros y la suboperación 07, al oeste de uno por dos metros. Fue en la suboperación 05 donde se empezaron a apreciar los huesos en la pared sur y de allí se decidió hacer la extensión.   En el lote 04, entre 85 y 90 centímetros al sureste se localizó un fogón que consistió en barro bien compacto con evidencia de haber sido quemado, extendiéndose hasta el lote 05 en un nível aproximado de 105 centímetros de profundidad. La densidad cerámica es más alta en el lote 01 y 02, bajando en el 03 y 04 y volviendo a subir en el lote 05.   La época de éste entierro corresponde al Formativo Terminal.

En los lotes anteriores al nível del entierro, se encontró material cerámico del Formativo Terminal (Arenal, Tulito, Usulután). La densidad de obsidiana en los primeros níveles es bastante alta.

Descripción del Entierro:
 El Entierro 3 es directo y primario, en posición de decúbito dorsal extendido. El cráneo fue localizado a 104 centímetros de profundidad orientado hacia el este con la cara hacia arriba. El terreno es más arenoso que en níveles anteriores. El entierro parece descansar sobre terreno estéril. Aunque el esqueleto no se encontró completo, parece ser que la parte de la caja toráxica fue sometida a actividad con fuego, pues en esa área puede apreciarse el fogón (arriba mencionado), de allí que esa parte no se haya conservado. El cráneo estaba aplastado lo que pudo ser causado por el peso de la tierra sobre él. No se localizó la mandíbula superior. La estatura media in situ fue de 1.65 mts. Parece corresponder a un adulto jóven del sexo femenino. (figs. 6, 7 y 8)

Orientación: Az 280'

Comentarios:
Los huesos estaban en mal estado de conservación, e incompletos. Por lo poco robusto de sus huesos podría decirse que era una mujer adulta jóven pues algunas de las suturas ya estaban osificadas. También los huesos tienen unas manchas rojo-café que parecieran indicar la posibilidad de uso de algún pigmento al morir el individuo (ocre, cinabrio u otro).

Ofrendas:
Junto al sector del cuello se le encontró una cuenta de jade y también cerca del peroné izquierdo, un fragmento de cerámica que posiblemente formó parte de un incensario. Al oeste del cráneo, dentro de la pared se encontraron las siguientes ofrendas: fragmento de comal profundo sin engobe, un poco alisado en el interior con restos de pintura roja en parte de él; fragmentos de un cuenco negro poco profundo con pestaña medial y engobe naranja, también se encontró otro comal completo aunque sin engobe, alisado en el interior. Por la cerámica, se puede decir que el entierro corresponde al Formativo Terminal.

Dientes:
No se observaron dientes a excepción de cuatro en diferentes lotes y no se puede asegurar que pertenezcan al individuo de este entierro; podría ser que los mismos hubieran sido colocados como ofrendas. Tres de los cuatro, corresponden a un niño. El otro parece corresponder a un adulto y está muy gastado.

ENTIERRO 4

Sitio No.:   612103

Localización:
Montículo de habitación de 50 cms. de altura. El mismo donde se encontró el Entierro 1. (fig. 2)

Excavación:
Se hizo un pozo de dos por dos metros al centro del montículo encontrándose el entierro casi en su totalidad en esta suboperación, a excepción del cráneo por lo que se tuvo que hacer una extensión al oeste de uno por un metro. En relación al lote 03 (el del Entierro 1), la densidad de la cerámica baja y se mantiene en el lote 05. Lo mismo ocurre con la obsidiana. Algunos tiestos son Usulután. La época de este entierro corresponde al Formativo Terminal igual que el Entierro 1.

Descripción del Entierro:
Es un entierro directo, primario en posición de decúbito ventral extendido, con el cráneo hacia el oeste y la cara hacia abajo. La estatura media in situ fue de 1.45 metros. El cráneo estaba en buen estado de conservación, parece descansar sobre terreno estéril. (figs. 4 y 9)

Orientación: Az 285'

Comentarios:
 Los huesos se encontraron en buen estado de conservación.
Ellos presentan manchas rojizas en áreas específicas (no en
todo el hueso), lo que podría explicarse por la colocación
de ocre, cinabrio ú otro pigmento rojo cerca o sobre el
cuerpo al momento de enterrar al individuo.

 Por estar el cráneo en buen estado, pudo apreciarse lo
siguiente: la sutura frontoparietal parece estar osificada
pues ya casi no puede observarse. En el parietal izquierdo,
se puede apreciar un agujero el cual pudo ser el causante de
la muerte de este individuo. El agujero es irregular, tiene
un diámetro de 8 milimetros y tiene grietas a su alrededor
pero ellas no están abiertas. También está aplastado, pero
ello podría deberse al peso de la tierra sobre él. En
general, los huesos son pesados y densos. Tal cosa podría
deberse a una buena cantidad de calcio y fósforo al morir.
También algunos tienen huellas de inserciones musculares lo
que nos indicaría a un hombre robusto y fuerte. Por otro
lado, el tamaño y principalmente grosor de sus huesos nos
indica robustez. Este entierro fue el de un adulto
masculino.

Dientes:
 El maxilar superior y la mandíbula inferior están completos.
Los dientes están gastados, también tienen una coloración
rojiza y un recubrimiento grueso y duro que al quitarlo tiene
color rojo-naranja. Ese recubrimiento puede deberse al
terreno que los cubría. Tenemos 10 molares, 6 premolares,
2 caninos y 2 incisivos. La raíz de la mayoría de ellos
consta de una sola pieza. La segunda molar derecha inferior,
no está presente y parece haber sido extraída antes de la
muerte del individuo.

Ofrendas:
 Un cuenco negro ligeramente curvado hacia afuera
correspondiente al Formativo Terminal. Este estaba a 97
centímetros de profundidad boca abajo, atrás del cráneo. En
el lote 04 se localizó una cuenta de cerámica que podría
asociarse a este entierro. (fig. 4)

ENTIERRO 5

Sitio No.:   612004

Localización:
 Es un montículo de habitación de 50 cms. de altura y con
dimensiones de 55 mts. este-oeste y 60 mts. norte-sur situado
a 500 metros al sureste de la pista de aterrizaje de la finca
Santa Rita Los Amates. Está al lado oeste del zanjón
principal que va de norte a sur a través de la finca y al sur
de la procesadora de citronela. (fig. 2).

Excavación:
 Se excavó un pozo de dos por dos metros al centro del
montículo y dos suboperaciones de uno por un metro en las

paredes este y sur. En los primeros tres lotes, se obtuvo una alta densidad de cerámica incluyendo dos malacates, una cuenta de cerámica y un fragmento de orejera; a 73 centímetros de profundidad se localizó un piso con una huella de poste; hacia los 83 cms., se encontró el cráneo del Entierro 5 y abajo de él, a 93 cms., otro piso. El entierro estaba sobre este último piso. La densidad cerámica aumenta sobre él. Los tiestos asociados al entierro son Formativo Terminal (Usulután, Arenal, rojo/naranja). En esta misma suboperación se encontró el Entierro 10, siendo el único de contexto doméstico orientado norte-sur. Estos dos entierros estaban separados por un piso lo que indica una continuidad en la ocupación de este sitio.

Descripción del Entierro:
 Es un entierro directo, primario, en posición de decúbito dorsal extendido con el cráneo orientado hacia el oeste y la cara de lado viendo hacia el norte. La estatura media in situ fue de 1.40 mts. La conservación de los huesos no era buena, estando por lo general incompletos, sin presentar huesos del tórax. (figs. 7 y 8)

Orientación: Az 270°

Dientes:
 Se recuperaron tres molares, cinco premolares, seis incisivos y tres caninos. También dos raíces de molar. Los incisivos superiores e inferiores están mutilados en la forma C-6 de la clasificación de Romero (1958).

Ofrendas:
 Una cuenta de jade a 83 cms. de profundidad, una mano de moler redonda a 79 cms. de profundidad, un malacate y un tiesto Tiquisate ware intrusivo. La asociación de las características óseas y las ofrendas sugieren que el individuo de éste entierro fue del sexo femenino.

ENTIERRO 6

Sitio No: 612106

Localización:
 Montículo de habitación, de 50 cms. de altura y con dimensiones de 30 por 30 mts. localizado a 400 metros de la entrada de la finca hacia el sur. (fig. 2)

Excavación:
 Se realizó un pozo de dos por dos metros al centro del montículo . En los dos niveles anteriores al entierro (lote 02 y 03) se aprecia una densidad de cerámica media que en el lote 04 casi se duplica. La cerámica es del Formativo Terminal.

Descripción del Entierro:
 No puede decirse mucho de este entierro pues estaba muy mal conservado. Podría tratarse de un entierro secundario. Parece ser un entierro intrusivo Formativo Terminal dentro de un contexto ocupacional Formativo Medio según la cerámica

asociada (hay algunos tiestos de la Fase Conchas en el lote 05, además de tiestos Bálsamo café y Verbena blanco). (fig. 12)

Orientación: Es difícil determinarla pues no podía apreciarse claramente la posición en que los huesos se encontraban, además que no se tomó la orientación con brújula a los huesos in situ.

Dientes:
Solamente se localizaron fragmentos de molares. No tenemos evidencia de ningún otro diente.

Ofrendas:
Un cuenco negro pequeño. Posiblemente asociado al entierro pueda incluirse una orejera, y también el brazo de una figurita.

ENTIERRO 7

Sitio No.: 602104

Localización:
Montículo de habitación de 25 cms. de altura con dimensiones de 25mts. este-oeste y 30 mts. norte-sur, que forma parte de un complejo de cuatro montículos, a 15 mts. del camino hacia el Parcelamiento Los Angeles. (fig. 2).

Excavación:
Pozo de dos por dos metros al centro del montículo. Sobre el entierro se recuperó una alta densidad de cerámica que se reduce en el lote del entierro. Los tiestos encontrados en el mismo parecen ser Formativo Terminal (Arenal, Usulután, Balberta Ware).

Descripción del Entierro:
Es un entierro primario, directo en posición de decúbito dorsal extendido con el cráneo hacia el oeste y la cara hacia arriba. La estatura media in situ fue de 1.68 mt. Los huesos estaban deteriorados presentando una leve coloración rojiza (café rojiza obscura). (figs. 13 y 14)

Orientación: Az 277'

Comentarios:
El cráneo se encuentra aplastado. La sutura frontoparietal está casi osificada al igual que la sutura biparietal o sagital. La sutura menos osificada es la occipito-parietal. Se encontró a 103 cms. de profundidad.

En el húmero derecho se puede apreciar la huella de un posible cayo óseo. El peroné derecho presenta disturbio, talvez por mordedura de un animal post-mortem. Parece un adulto maduro del sexo femenino.

Dientes:
Solo cuatro dientes, dos molares y una raíz. Muy mal conservados con evidencia de haber padecido una periodontitis severa. La raíz es de una pieza.

Ofrendas:
Soporte negro mamiforme de 5 cms. de altura, 6 cms. de diámetro y 6 milímetros de grueso, a la altura del brazo.

ENTIERRO 8

Sitio No.:   602102

Localización:
Montículo de casa de 50 cms. de altura que forma parte de un complejo de 4 montículos en la brecha norte con dimensiones de 15 mts. Este-oeste y 20 mts. Norte-sur, al oeste del camino hacia el Parcelamiento Los Angeles. (fig. 2)

Excavación:
Se hizo un pozo de dos por dos metros al centro del montículo y dos extensiones. La suboperación 06, al sureste con dimensiones de 50 cms. por 1 mt. y la 07, al este de 1 por 2 metros. La densidad cerámica sobre este entierro es alta, presentándose depósitos primarios de tiestos. La época de este entierro es Formativo Terminal (mamiformes Usulután y Arenal).

Descripción del Entierro:
Este entierro es primario, directo en posición extendida. Los huesos estaban en muy mal estado de conservación y eran bastante frágiles. En el mismo lote del entierro se localizó el Entierro 11 y parece estar relacionado con el Entierro 13 que se encontró más abajo. Los tres individuos parecen formar parte de un entierro múltiple. El Entierro 8 corresponde a un adulto jóven. (fig. 15)

Orientación: Az 280'

Ofrendas:
Debido a que se encontró en el mismo lote que el Entierro 11, las ofrendas podrían corresponder a cualquiera de los dos o bien, a ambos. Tres vasijas Usulután mamiformes casi completas cuyos soportes tienen sonaja forman parte de las ofrendas. Debajo de ellas se localizó una figurita zoormorfa fragmentada en dos partes. Asociado a este entierro también se encontró un vaso negro poco profundo. Todas las ofrendas son Formativo Terminal. (fig. 15)

ENTIERRO 9
Sitio No.: 602101

Localización:
Montículo de habitación de 50 cms. de altura con dimensiones de 10mts. este-oeste y 30 mts. norte-sur, que forma parte de

un grupo de cuatro montículos, a 30 mts. al norte de 602102 donde se encontró el Entierro 8. (fig. 2)

Excavación:
Consistió en un pozo de dos por dos metros al centro del montículo . La densidad de cerámica es alta en los primeros tres niveles, mientras que en el lote 04 baja en dos terceras partes, en el lote 05 vuelve a subir en la misma densidad que los primeros niveles, volviendo a bajar en lote 06. La cerámica parece Formativo Terminal o Tardío (Arenal, cerámica negra y naranja).

Descripción del Entierro:
Es un entierro primario, directo, en posición de decúbito ventral extendido con el cráneo hacia el oeste y la cara hacia abajo. La estatura media in situ fue de 1.71 mts. El cráneo pareciera tener la sutura fronto-parietal casi osificada, aunque está un poco abierta, posiblemente por la tierra dentro del cráneo. Los huesos estaban sobre terreno estéril, bastante arenoso y seco, conservándose en muy buen estado, presentan una coloración rojiza que podría indicar la colocación de algún pigmento al cadáver o su alrededor, antes de ser enterrado. (figs. 16 y 17)

Orientación: Az 285°

Dientes:
    Tiene el maxilar y la mandíbula completos. El maxilar superior incluye: 4 molares, 2 premolares, 4 incisivos y 2 caninos; la mandíbula: 6 molares, 4 premolares, 4 incisivos y 2 caninos. Este individuo pudo tener un problema con la oclusión pues parece tener los dientes de la mandíbula sobre los del maxilar superior.

Ofrendas:
Un plato negro (ware Coyolate negro-cafe) del Formativo Terminal-Clásico Temprano (parece corresponder a la transición entre ambos), a la altura del cúbito y radio derecho. Este entierro no estaba extendido totalmente en línea recta sobre el suelo como los anteriores, sino que las extremidades inferiores estaban a mayor profundidad que el cráneo y la caja toráxica, ello fue debido posiblemente a movimientos naturales de la tierra o bien al terreno tan suave y arenoso sobre el cual se encontró. Por lo robusto de sus huesos parece un individuo jóven, entre 21 y 27 años del sexo masculino. La ausencia de las terceras molares superiores y el grado de osificación de la sutura frontoparietal, nos ayudó a determinar su edad.

ENTIERRO 10
Sitio No.: 612004
Localización:
El mismo montículo de habitación donde se encontró el Entierro 5.

Excavación:
Se excavó un pozo de dos por dos metros al centro del montículo y dos suboperaciones de uno por un metro al este

y sur. Sobre el primer piso localizado a 73 cms. se recuperó una alta densidad de cerámica. A 93 cms. se localizó el segundo piso sobre el cuál se recuperó bastante cerámica y localizó el Entierro 5. El lote 06, sobre el entierro, dió una alta densidad de cerámica, bajando a casi la mitad en el lote del entierro. Los tiestos de los lotes 1 al 4 parecen transicionales entre el Formativo Tardío y el Formativo Terminal, mientras que en los lotes 5 al 8, correspondientes al Entierro 10, el material es Formativo Tardío Tardío y Formativo Terminal Temprano.

Descripción del Entierro:
Es un entierro primario, directo, en posición extendida, el cráneo hacia el sur, o sea que la posición del esqueleto es sur-norte, encontrándose a 138.5 mt. de profundidad. La estatura media in situ fue de 1.51 mt., correspondiendo a un adulto maduro femenino. (fig. 18)

Orientación: Az 5°

Comentarios:
Los huesos estaban en muy mal estado de conservación y muy pocos fragmentos se pudieron recuperar; el cráneo sólo fue reportado en el campo y no pudo conservarse. Es interesante señalar que éste fue el único entierro de contexto doméstico con orientación norte-sur, a diferencia de las demás que fueron oeste-este.

Dientes:
Solo se recuperaron 2 molares y 3 incisivos, pudiendo ser dientes primarios, lo que no concuerda con le identificación de la edad de este individuo. Entre las ofrendas se menciona una mandíbula humana a la que podrían estar asociados.

Ofrendas:
Una navaja de obsidiana sin uso y una mandíbula, aparentemente infantil. (fig. 18)

ENTIERRO 11

Sitio No.: 602102
Localización:
Montículo de habitación, de 50 cms. de altura. El mismo en donde se encontró el Entierro 8.

Excavación:
Se hizo un pozo de dos por dos metros al centro del montículo y dos extensiones. Una al sureste (suboperación 06) y otra al este (suboperación 07). La densidad cerámica sobre el entierro fue alta.

Descripción del Entierro:
Es un entierro primario, directo en posición extendida. Solo tiene fémures, la tibia y el peroné derecho y un hueso del brazo izquierdo. El cráneo no fue localizado. Al igual que el Entierro 8, pareciera ser parte de ofrenda para el Entierro 13 que estaba debajo de este entierro, o bien un entierro múltiple. (fig. 15)

Dientes:
Tres molares, y tres premolares con poco desgaste.

Orientación: Az 280'

Ofrendas:
Conjuntamente con el asociado Entierro 8, se encuentran tres vasijas mamiformes Usulután Formativo Terminal casi completas, una figurita y un vaso negro poco profundo, también Formativo Terminal. En la ficha de campo se menciona una mano de moler y varios tiestos asociados. Es importante volver a señalar que este entierro se encontró en el mismo nível que el Entierro 8, y ambos a la vez sobre el Entierro 13. Ninguno de los dos entierros 8 ú 11, estaban completos.

ENTIERRO 12

Sitio No.: 592002

Localización:
Estructura al sur del centro ceremonial que consistió en una plataforma baja de 50 cms. de altura con dos montículo sobre ella de 50 cms. de altura cada uno. Sus dimensiones son de 18 mts. este-oeste y 21 mts. norte-sur. Los montículos están separados 40 mts. uno del otro. (fig. 2)

Excavación:
Consistió en un pozo de dos por dos metros colocado al centro del montículo; se obtuvo una densidad cerámica bastante alta, reflejando una ocupación posiblemente Formativo Terminal, (Tulito, cerámica negra incisa).

Descripción del Entierro:
Es un entierro directo, primario, en posición extendida de decúbito ventral. Se localizó a 130 cms. de profundidad con el cráneo orientado hacia el oeste y la cara hacia arriba. La estatura media in situ fue de: 1.54 mt. Corresponde a un adulto jóven de sexo masculino. (fig. 19)

Orientación: oeste-este, no se tomó en grados.

Comentario:
Los huesos estaban en muy mal estado de conservación y no se pudieron recuperar todos después de la limpieza. El cráneo, estaba muy deteriorado, quedando apenas fragmentos de él; tiene disturbio por mordidas de animales. Este entierro al igual que otros, presentó manchas rojizas en algunas partes de los huesos, mismas que (principalmente las extremidades inferiores) tienen marcas de inserciones musculares profundas.

Dientes:
Se encontraron 9 molares, 4 premolares, 6 incisivos y 4 caninos. En general están en buen estado, mostrando poco desgaste. Por las características de los dientes, parece que el individuo sufrió de una periodontitis.

Ofrendas:

Cuenco negro con incisiones en el borde, fragmentado y con moldura interior. También se encontraron bastantes tiestos grandes en el lote del entierro. En notas de campo se mencionan "restos óseos de mamífero" que podrían indicarnos la ofrenda de algún tipo de animal como comida o acompañante para el difunto, o posiblemente el mismo sea intrusivo de algún animal reciente. Una orejera, un malacate y una cuenta de jade también están asociados como ofrendas. Todo lo anterior indica que el entierro es del Formativo Terminal. (fig. 19)

ENTIERRO 13

Sitio No.:   602102

Localización:

El mismo montículo de habitación donde se encontraron los Entierros 8 y 11.

Excavación:

Un pozo de dos por dos metros colocado en el centro del montículo con extensiones al este y sur (suboperación 6 y 7 respectivamente). La densidad cerámica sobre el entierro es bastante alta correspondiente al Formativo Terminal.

Descripción del Entierro:

Es un entierro primario, directo, en posición de decúbito dorsal extendido con el cráneo hacia el oeste y la cara viendo hacia arriba. Tenía una estatura media in situ de 1.73 mt. El cráneo estaba en muy mal estado y casi no se conservó. Este entierro por tener dos entierros encima, tenía mucho disturbio. Los huesos tenían una coloración rojiza y corresponden a un adulto maduro masculino. (figs. 20 y 21)

Orientación: Az 282°

Dientes:

Bastante gastados, con caries y mal conservados. Cuatro molares, 5 incisivos, 4 caninos, 6 premolares y 6 raíces.

Ofrendas:

Una piedra trabajada, posiblemente alguna de las ofrendas de los Entierros 8 ú 11 o bien ambos entierros con sus respectivas ofrendas. Es importante señalar que el Entierro 11 se encontraba casi directamente sobre el Entierro 13. (ver Entierro 11).

ENTIERRO 14

Sitio No.:   592005

Localización:

Es una estructura cerca del centro ceremonial, situada a 40 metros al noreste de la operación 592002-05 (donde se localizó el Entierro 12), con dimensiones de 12 mts. este-oeste y 10 mts. norte-sur. (fig. 2)

Excavación:
Un pozo de dos por dos metros al centro del montículo. La densidad cerámica bajó según se hizo más profunda la excavación, indicando un patrón diferente debido a que en los entierros localizados anteriormente, la densidad cerámica fue alta previo al nível del entierro. La cerámica parece corresponder al Formativo Terminal.

Descripción del Entierro:
Es un entierro directo, primario de decúbito lateral flexionado, con el cráneo del lado oeste y la cara viendo hacia el sur. La estatura media in situ fue de 1.53 mt. (fig. 22)

Orientación: este-oeste, no se tomó en grados.

Comentarios:
Debido al estado fragmentario de los huesos, no pude obtener las medidas después de limpiarlos. Estos presentaron una coloración clara y son bastante delgados; el cráneo es pequeño, según observaciones del Dr. Guillermo Mata, tiene una posible deformación en la mandíbula.

Dientes:
Se tienen 8 molares, 4 premolares, 4 incisivos y 2 caninos, presentando una coloración rojiza, dicha coloración fue más evidente con el aire al limpiarlos. Los dientes están en buen estado y muestran poco desgaste, son secundarios aunque se puede observar un canino inferior que está dentro del hueso. Igualmente algunos molares parecen primarios. Asociando la información de los dientes y el grosor de los huesos, podríamos considerar a este individuo como jóven, posiblemente antes de la pubertad.

Ofrendas:
En el lote 06 (arriba del entierro), un cuenco negro fragmentado, bien cocido, con la base quemada y gastada.

ENTIERRO 15

Sitio No.:   591901

Localización:
Montículo localizado al oeste del centro ceremonial con una altura de 2.21 metros. La suboperación 07 está localizada a 50 mts. al sureste del montículo, en la base del lado este. La forma de este montículo es indefinida, pareciendo ser una plataforma baja con unas dimensiones de 120 mts. norte-sur y 150 mts. este-oeste. (fig. 2) En este mismo montículo solo que al centro, se encontraron los Entierros 16 y 25.

Excavación:
Pozo de dos por dos metros situado al este del centro del montículo. La densidad cerámica en este lote es alta, aunque ha bajado desde el nível 01. En este lote se localizaron 59 piedras, siendo 6 fragmentos de manos, 17 fragmentos de piedras de moler y 34 piedras sin trabajo, formando parte de un depósito asociado al entierro. El material cerámico

parece ser Formativo Terminal Tardío con una pequeña cantidad de tiestos Clásico Temprano, aunque los tiestos asociados al entierro son Formativo Terminal Tardío.

Descripción del Entierro:
Consiste en un cráneo y otros fragmentos indeterminados. Posiblemente sea un entierro secundario; asociado a él se encontró un depósito de piedras (fig. 23). El cráneo estaba hacia la pared sur y corresponde al de un niño en la prepubertad.

Orientación: este-oeste

Ofrendas:
En lote 02, al suroeste se localizó una cuenta de jade circular. También una vasija de color naranja, borde semi evertido con base convexa. Dos cuentas de cerámica y cuatro fragmentos de orejera. Además de estas ofrendas, se econtraron 59 piedras, entre 17 fragmentos de metates, 6 fragmentos de manos y 34 piedras sin trabajo. Por estar en la base del montículo, todo esto podría tratarse de un entierro secundario como ofrenda a la construcción del mismo.

ENTIERRO 16

Sitio No.:   591901

Localización:
Montículo localizado al oeste del centro ceremonial, donde se encontró el Entierro 15. (fig. 2)

Excavación:
Pozo de dos por dos metros al centro del montículo. A 95.5 cms., se localizó un piso de barro que se extiende en el pozo, pudiendo ser parte de una estructura. En la pared oeste, puede apreciarse un fogón. La densidad cerámica sobre este piso es alta, aunque va disminuyendo del primer al tercer lote. Otro piso se localizó a 1.60 mts., la densidad cerámica se mantiene alta en todos los lotes. El material cerámico parece Formativo Terminal Tardío o mezclado con Clásico Temprano (sobre los pisos). A 1.79 mts. se localizó el entierro, que corresponde al Formativo Terminal.

Descripción del Entierro:
Es un entierro directo, primario en posición de decúbito ventral extendido con el cráneo orientado hacia el oeste y la cara viendo hacia abajo. La estatura media in situ fue de 1.10 mt. Corresponde a un adulto jóven masculino. (figs. 24 y 25)

Orientación: Az 293.5°

Comentarios:
Los huesos se encontraron en mal estado de conservación, con coloración rojiza-cafe. El cráneo tiene la sutura fronto-parietal casi osificada, estando un poco aplastado por el peso de la tierra, los huesos están muy mal conservados. La mandíbula inferior parece muy cuadrada. No se midieron

los huesos en el laboratorio por estar sumamente fragmentados y sin forma imposibilitando la validez de las medidas.

Dientes:
Son 12 molares,4 premolares, 8 incisivos y 3 caninos. Tienen una deformación causada posiblemente por una periodontitis severa, igualmente una coloración cafetosa-roja. El incisivo lateral derecho tiene desgaste anormal debido al uso de ese diente como instrumento (talvés para cortar algo) o por haber estado sosteniéndo o usando algún objeto no especificado.

Ofrendas:
Una navaja prismática de obsidiana de la fuente del Chayal, con extremo distal, presentando uso en un extremo. Asociados a esta navaja en el lado noreste del cráneo, se encontraron tres huesos trabajados. Tenía un hueso de animal y una semilla de aguacate, que pudieron estar colocados como ofrenda. Los huesos trabajados, parecen ser de animal. Sus formas dan la impresión de haber sido usados posiblemente como instrumentos o en actividades rituales (autosacrificio?), aunque para esto último no tenemos mayor evidencia.

ENTIERRO 17

Sitio No.:   BAL 22

Localización:
En esquina noroeste de la parte baja de la plataforma de Balberta Central. La altura de la plataforma en ese lugar es de 4.00 mts. (fig. 1)

Excavación:
Se inició una operación de cuatro por cuatro metros (con las suboperaciones K11,K12, L11,L12) dividido en cuádrangulos de dos por dos metros. Después se hicieron extensiones de dos por dos metros según se localizaron construccciones. El entierro se encuentra dentro de una estructura que fue rota para colocarlo en ese lugar, por lo tanto se considera que es intrusivo, correspondiendo al Clásico Temprano. La densidad cerámica sobre el entierro es poca, disminuyendo aún más debajo de él.

Descripción del Entierro:
Es un entierro directo, primario en posición de decúbito dorsal extendido, con el cráneo hacia el oeste y boca arriba. Se localizó a 2.35 mts de profundidad. La estatura media in situ fue de 1.52 mts., por sus características óseas, se determinó que era un adulto masculino. (figs. 26 y 27)

Orientación: Az 292'

Comentarios:
Sólo queda parte del maxilar inferior, los huesos en general estaban en muy mal estado de conservación. La tierra alrededor de ellos tenía un color rojizo.

Dientes:
Se tienen 10 molares, 7 premolares, 4 caninos, 7 incisivos.
Los incisivos superiores e inferiores están trabajados en la
forma C-6 de la clasificación de Romero (1958) (fig. 27a).

Ofrendas:
Un vaso grande al este de sus pies, un plato con borde
evertido café-negro al sureste de sus pies, un comal al sur
con una parte dentro de la pared, un comal junto a su mano
izquierda y un disco de cerámica. Todas las ofrendas son
Clásico Temprano.

ENTIERRO 18

Sitio No.: BAL27

Localización:
Al suroeste de la plataforma de Balberta Central, un
montículo de 1 mt. de altura. (fig. 1)

Excavación:
Se empezó con una operación de cuatro por cuatro metros,
divididos en cuadrantes de dos por dos metros al centro de
la estructura. Según se localizaron construcciones, se fue
extendiendo por cuadrantes de dos por dos metros. La
densidad cerámica sobre el entierro es poca. Los tiestos
parecen pertenecer al Clásico Temprano.

Descripción del Entierro:
Entierro secundario e indirecto. Sólo se localizaron cuatro
huesos y varios dientes. Asociado a él se encontró una urna
fragmentada dentro de la cual pudieron haber estado los
huesos. El entierro pudo haber sido una ofrenda a la
construcción o tener relación con algún acontecimiento
ocurrido en BAL 27, la plataforma del sitio o bien la plaza.
(fig. 1 para localización de esta operación). (figs. 28 y 29)

Dientes:
Se tienen 10 molares, 6 premolares, 3 caninos, 6 incisivos,
6 raices.

Ofrendas:
Un fragmento de punta de proyectil de obsidiana verde, una
punta de lanza de obsidiana negra, un malacate, un cuenco
negro Clásico Temprano y varias orejeras fragmentadas.

ENTIERRO 19

Sitio No.: Bal 52

Localización:
Montículo de 3.50 metros de altura, con dimensiones de 35
mts. Norte-sur y 45 mts. Este-oeste localizado en Balberta
central al sur de la plaza. (fig. 1)

Excavación:
Trinchera de 2 por 18 metros. En los primeros 5 niveles
(0-160 cms.) hay una densidad cerámica baja, siendo mínima

hasta el lote 08 (200-220 cms.), a partir del cual se incrementa la densidad volviendo a bajar en lote 10 (240-260 cms.), donde se mantiene, hasta el entierro que quedó sobre nível de terreno estéril.

Descripción del Entierro:
Entierro directo primario, en posición de decúbito dorsal extendido. A una profundidad de 295 cms. con el cráneo orientado hacia el norte y la cara hacia arriba, correspondió a un niño. La estatura media in situ fue de 74 cms. (figs. 30 y 31)

Orientación: Az 305'

Comentarios:
El esqueleto se encontró en buen estado de conservación, directamente sobre terreno estéril. El cráneo completo fue destruído luego de haber sido removido por saqueadores que trataron de robar algunas de las piezas de la ofrenda.

Dientes:
Se tienen 4 molares primarios, 3 molares permanentes, 7 incisivos primarios y 6 incisivos permanentes, 2 caninos primarios y 1 canino permanente. Según sus dientes podemos decir que este individuo era un niño de 4 a 5 años.

Ofrendas:
Se encontraron 3 cuentas de hueso completas y 2 fragmentos de cuentas de hueso, 3 fragmentos grandes de cerámica alrededor del área del cráneo y tórax, (2 son de cántaro con engobe alisado negro y 1 de olla del Clásico Temprano). Las cuentas parecen haber sido trabajadas en hueso de animal, posiblemente de ave, según su tamaño y grueso. Pareciera que este entierro fue un niño sacrificado como ofrenda a la construcción de la estructura. Esta fue una tradición en Mesoamérica (Ruz, 1968) (Barrios, 1986) por lo que suponemos aquí fue igual, además que en éste montículo en particular, la construcción del mismo sugiere un solo episodio por las características arquitectónicas.

ENTIERRO 20

Localización:
Localizado en el montículo 25, de 1 mt. de altura al sur del centro ceremonial, durante la temporada de 1984 (fig. 2). El entierro estaba orientado este-oeste. Se conservan algunos fragmentos de huesos largos, pero ellos no están suficientemente completos para ayudarnos a determinar su estatura. Por el grosor de los huesos y lo esponjoso de ellos, además de las características de la mandíbula, pareciera que fue un adulto maduro de sexo masculino.

Ofrendas:
Dos cuencos negros poco profundos sin decoración correspondientes al Clásico Temprano, una cuenta de jade, un fragmento de malacate y una mano de piedra.

Dientes:
Se recuperaron 8 molares, 7 premolares, 3 caninos y 2 incisivos.

ENTIERRO 21

Sitio No.:   602206

Localización:
Montículo de aproximadamente un metro de altura, con medidas norte-sur 98 mts. y este-oeste 52 mts.   Localizado en el Parcelamiento El Pilar, a 1 kilómetro de la brecha norte de Balberta.   En la parte norte está limitado por un quínel.

Excavación:
Se inició con la suboperación 05, un pozo de 2 por 2 metros al oeste del centro del montículo.   El material cerámico sobre el entierro parece estar mezclado correspondiendo al Formativo Terminal y Clásico Temprano.   El Entierro 21 y el 22 estaban al mismo nível sobre un piso de barro compacto que tenía una delgada capa de color negro que podría interpretarse como que la superficie hubiera sido quemada. Ambos entierros se encontraron entre 70 y 75 cms. de profundidad, pudiendo ser intrusivos del Clásico Temprano.

Descripción del Entierro:
El entierro 21 fue primario, directo, extendido oeste-este,con el cráneo en el oeste.   Los huesos estaban en bastante mala condición y presentaban una coloración rojiza; el cráneo estaba casi deshecho debido a que se encontró cerca de la superficie. El entierro corresponde a un adulto. (fig. 32)

Orientación: Az 270°

Ofrendas: Para ver localización de ofrendas fig. 32.

1.   cuenco café-negro alisado sin decoración,
2.   cuenco café alisado con incisión en borde exterior
3.   cuenco negro alisado burdo poco profundo
4.   cuenco Esperanza Flesh? o bien quemado poco profundo
5.   fragmento de cuenco con moldura interior
Todas las ofrendas corresponden al Clásico Temprano.

ENTIERRO 22

Sitio No.:   602206

Localización:
El mismo montículo donde se encontró el Entierro 21 en el Parcelamiento El Pilar.

Excavación:
La suboperación 06 se hizo de 1 por 1 metro al sureste de la suboperación 05, donde se encontró el Entierro 21, pues se necesitaba una extensión para exponer el Entierro 22.   El material cerámico corresponde al Formativo Terminal y Clásico Temprano y ambos entierros estaban sobre un piso al mismo

nível. Parece que ambos entierros fueron intrusivos del Clásico Temprano, pues sus ofrendas son de este último período, mientras que el material de relleno, presenta tiestos Formativo Terminal (Arenal, etc.).

Descripción del Entierro:
El Entierro 22 fue directo primario, extendido decúbido dorsal, orientado oeste-este, con el cráneo en el oeste y localizado en la esquina sureste de la suboperación 05. Los huesos corresponden a un adulto. (fig. 32)

Orientación: Az 280°

Comentarios:
Los huesos estaban en mal estado y casi no podían apreciarse debido a lo cerca de la superficie y las raíces que los fragmentaron aún más.

Ofrendas: Para ver localización de ofrendas, ver fig. 32.

1.   cuenco cafe-negro de paredes curvadas hacia adentro
2.   cuenco negro con aplicacion de botones en el borde.
3.   mano de metate redonda
Todas las ofrendas son del Clásico Temprano.

Dientes:
Los incisivos superiores e inferiores estaban mutilados presentado el tipo C-6 según la clasificación de Romero (1958).

ENTIERRO 23

Sitio No.:   592302

Localización:
Montículo de 50 cms. de altura en esquina sureste de la parcela 101 de El Pilar. En el lado norte del montículo pasa un quínel.

Excavación:
Pozo de 2 por 2 metros al centro del montículo . En los primeros lotes se recuperó material Formativo Terminal, Clásico Temprano y Tardío. A 83 cms. de profundidad, se encontró el cráneo del entierro.

Descripción del Entierro:
Entierro secundario, pareciera haber sido desmembrado y envuelto en un bulto pues la posición en la que se encontró así lo indica. Los huesos estaban sobre tiestos, quemados (no se encontraron bordes). El entierro estaba dentro de terreno estéril, correspondiendo a un adulto femenino. (fig. 33)

Comentarios:
No fue posible identificar los huesos en el campo debido a su posición desordenada además de la mala condición, puesto que el terreno arenoso húmedo y compacto con piedras, afectó su conservación.

Orientacion: Az 45' tomado sobre fémur

Ofrendas:
Posiblemente algunos tiestos encontrados debajo de los huesos y un fragmento de cuenco naranja que parece ser Tiquisate Ware. Por asociacion se dice que este entierro es Clásico Tardío. (ver fig. 33).

ENTIERRO 24

Sitio No.:   602302

Localización:
Montículo al sur de la parcela 48 de El Pilar. Tiene una altura de 50 cms. y dimensiones de aproximadamente 60 metros por 60 metros.

Excavación:
Pozo de 2 por 2 metros al centro del montículo . En esta operación se encontraron tres pisos antes de encontrar la vasija que contenía el Entierro 24. El primer piso estaba a 73 cms. de profundidad, el segundo entre 85 y 87 cms. con areas bien quemadas y el tercero a 93 cms. El piso 3 sólo se encontró en el lado sur de la excavación. En la parte norte a 104 cms. de profundidad se encontró la vasija conteniendo el entierro. Pareciera que el piso 3 fue roto para colocar la vasija con el entierro. (fig. 34)

Descripción del Entierro:
Entierro indirecto, secundario de un niño entre 2 y 5 años. Se encontró el cráneo sobre los otros huesos, los cuales no tenían un orden claro. Cerca de la base interior se encontraron las costillas y algunos huesos largos al igual que la mandíbula. La tierra que estaba dentro de la vasija era bastante dura lo que no permitió una buena conservación de los huesos. Se recuperó parte de la mandíbula y algunos dientes lo que permite establecer la edad del niño entre 2 y 5 años de edad. La vasija es de paredes abiertas y base plana sin decoración, del tipo Pilar Ware. Por su contexto se considera intrusiva Clásico Temprano. No se encontró otra ofrenda, a excepción de unos cuerpos de tiestos que cubrían esta vasija y los fragmentos de un cántaro al suroeste de la misma. Para ver contexto de donde se encontró la vasija, fig. 34.

ENTIERRO 25

Sitio No.:   591901

Localización:
Montículo de 2.00 metros de altura al noreste de Balberta Central.   La suboperación 08 estuvo al norte de la suboperación 05 al centro del montículo. 'a misma estructura donde se encontraron los Entierros 12 y 15. (fig. 2)

Excavación:
La suboperación 08, fue un pozo de 2 por 2 metros exactamente al norte de la suboperación 05 situada al centro

del montículo. A 83 cms. de profundidad, se encontró un piso de barro compacto el cual fue roto para depositar la primera ofrenda y un depósito de tiestos (fig. 35).

En la suboperación 09, que fue de 1 por 1 metro al suroeste de la suboperación 08, no se encontró el piso a 83 cms. sino más bien se pudo apreciar entre 102 y 120 cms., un tercer piso de barro compacto, que al igual que el piso anterior, parece haber sido roto para depositar el Entierro 25. Este piso también se encontró en la suboperación 10 y no estaba en la parte donde se encontró el entierro. El material sobre el entierro, pareciera estar mezclado Clásico Temprano (Balberta Ware 1 borde asociado al entierro), y Formativo Terminal. Debajo del entierro, el material parece Formativo Terminal puro. Pero las ofrendas asociadas al entierro son Clásico Temprano.

Descripción del Entierro:
 Entierro directo primario, en posición de decúbito ventral extendido, orientado oeste-este con el cráneo en el oeste. Corresponde a un adulto maduro masculino. (fig. 35)

Comentarios:
 Seis de las ofrendas estaban sobre los huesos del entierro, lo que ocasionó que hubiera disturbio en ellos. Estuvieron pintados de color rojo, posiblemente con ocre o cinabrio.

Orientación: Az 215'

Ofrendas:
1. Cuenco café con borde evertido, base redondeada y engobe alisado
2. cuenco café angulo Z alisado y con pigmento rojo en borde interior
3. cuenco negro de paredes curvadas hacia adentro, con aplicación de una cara humana en el exterior y 4 soportes de botón. El exterior también con pintura roja.
4. mano de piedra
5. cuenco con engobe negro y dos aplicaciones de botones en la orilla
6. cuenco negro con moldura interior lisa
7. cuenco naranja de paredes abiertas con interior desgastado que indica uso y exterior con restos de pintura roja
8. fragmento de cuenco negro con aplicación de dos botones en un lado y una línea incisa en borde exterior.
9. cuenco negro pequeño encontrado dentro ofrenda 3 conteniéndo pigmento rojo
10. pendiente de piedra verde

En total, nueve ofrendas estaban enfiladas de oeste a este sobre el lado izquierdo del esqueleto (fig. 35). El cráneo no estaba completo y únicamente se encontraron fragmentos los cuales estaban separados y sobre unos huesos se encontró el cuenco con engobe naranja (ofrenda 7).

ENTIERRO 26

Sitio No.: Bal 65

Localización:
 Montículo 24 al sur de Balberta doméstico de 2 mts. de
altura localizado al sur del centro ceremonial. Tiene una
extensión de 40 por 30 metros. (fig. 2)

Excavación:
 Se hizo un pozo de 2 por 2 metros al centro del montículo
habiendo encontrado evidencia de cuatro pisos antes de
encontrar el Entierro 26. El entierro se encontró a 147 cms.
de profundidad entre los pisos no. 4 (138-145cms.) y 5 (145-
151cms.). Ambos pisos, como los demás encontrados eran de
barro compacto, separándolos barro arenoso y talpetate como
relleno. El material cerámico recuperado correspondió al
Clásico Temprano.

Descripción del Entierro:
 Entierro directo, primario, en posición extendida de
decúbito ventral, orientado oeste-este con el cráneo en el
oeste. El entierro estaba cubierto y sobre varios tiestos.
Debajo y alrededor del cráneo, se encontraron bastantes
terrones de barro quemado sin que el cráneo muestre
evidencias de haber sido quemado. La estatura media in situ
fue de 68 cms. Los huesos corresponden a un niño entre 2 y
5 años. (fig. 36)

Comentarios:
 Por haberse encontrado entre dos pisos, el material que
estaba sobre él entierro era bastante duro e hizo difícil su
exposición. Igualmente los tiestos encontrados encima
provocaron disturbio, ya que al quitarlos rompieron algunos
de los huesos. Los huesos presentaron una coloración rojiza,
probablemente debido a la aplicación de algún pigmento.

Orientacion: Az250'

Ofrendas:
 Solo tiestos encontrados sobre y debajo del entierro que
no forman ninguna pieza completa. Se encontraron dos dientes
de adulto sobre el tórax que podrían ser considerados como
ofrenda. (fig. 36).

OTROS RESTOS OSEOS

CRANEO 1 Y 2
 Además de los 26 entierros antes descritos, se encontraron
dos cráneos. El cráneo 1, encontrado debajo de un montículo
habitacional, no tenía ofrendas ni otros huesos, por lo que
posiblemente perteneció a un entierro secundario o
posiblemente a un individuo sacrificado. Es de una mujer de
aproximadamente 25 años, presentando inserciones musculares
muy profundas al igual que cierta deformación en el hueso
frontal, posiblemente debido a la fuerza ejercida por un peso
en su espalda (mecapal), desestimando la posibilidad que

hubiera sido deformación intencional. (Comunicación personal,
Dr. Rodolfo Molina, noviembre 1986).

El cráneo 2 se encontró en la esquina suroeste de la
plataforma de Balberta central, aproximadamente a 4 metros
del Entierro 18. Estaba en muy mal estado de conservación.
Corresponde a un adulto posiblemente masculino. Al igual que
el Entierro 18, pudo haber sido una ofrenda a las actividades
que se llevaron a cabo en la plataforma.

CAPITULO II
PATRON FUNERARIO DE BALBERTA

Este capítulo presenta los resultados del estudio del patrón funerario en Balberta. La información está dividida así: entierros en el área ceremonial y doméstica, preparación del terreno para la colocación del individuo enterrado, posición del cuerpo, orientación y relación de ésta con los puntos cardinales, ofrendas y su función, entierros en parejas, sexo y mortalidad y comparación de los entierros dentro de Balberta.

De los 26 entierros encontrados, 23 estaban en contextos domésticos y los otros 3 en contextos ceremoniales.

1. AREA CEREMONIAL

El Entierro 17, orientado este-oeste con el cráneo en el oeste, se localizó en la esquina noroeste de la plataforma del centro ceremonial de Balberta (mapa 1), donde fue colocado intrusivo a 2.35 mts., rompiendo con construcciones previas en tiempo a la época del enterramiento. Sin embargo, el área donde fue colocado el individuo no presentaba ninguna preparación especial.

El Entierro 19, orientado norte-sur con la cabeza al norte, es el segundo ejemplo con esta orientación en todo el sitio, está colocado sobre terreno estéril en la base norte de la estructura 8, no presentaba ningún tipo de construcción para su colocación y corresponde a un niño, aparentemente sacrificado como ofrenda a la construcción, siendo ésta una tradición en algunos sitios de Mesoamérica (Ruz, 1968) (Barrios, 1986). Los dos fragmentos de cántaro y el borde de olla de cerámica que se encontraron con este entierro, estaban rodeando el cráneo y tórax. (figs. 30 y 31).

El Entierro 18, el tercero encontrado en Balberta Central, se localizó en la esquina suroeste de la plataforma. Es secundario, con algunos huesos de los miembros superiores, un fragmento de punta de proyectil de obsidiana verde, una punta de lanza de obsidiana negra, un malacate, un cuenco y varias orejeras fragmentadas de forma tubular. Fue en este lugar del sitio donde se encontró el 65% del total de la obsidiana verde en Balberta. Aquí también se descubrieron las urnas y cántaros puestos como ofrendas conteniéndo imitaciones de semillas de cacao, por lo que asocio este entierro como parte de una ofrenda a las actividades que se estaban realizando en el lugar. En estas mismas condiciones se localizó el cráneo 2, distante unos 4 metros del Entierro 18.

2. AREA DOMESTICA

Los enterramientos en el área habitacional presentan un patrón bastante específico en cuanto a su orientación. Veinte de ellos están orientados este-oeste, todos con el cráneo en el oeste y únicamente uno orientado norte-sur con el cráneo hacia el sur. Todos ellos extendidos, 7 de decúbito ventral y 9 de decúbito dorsal. De los restantes siete, los Entierros 23 y 24, son secundarios y el Entierro 24 está colocado dentro de una vasija, mientras que el 23 parece haber estado amortajado en forma de bulto; los otros cinco estaban extendidos sin poder determinarse sobre qué lado descansaban debido a la mala conservación de los huesos.

3. PREPARACION DEL TERRENO

Los antiguos habitantes de Balberta acostumbraban enterrar a sus muertos en los lugares ocupados como viviendas. No existió ningún tipo de construcción para la colocación del individuo. Según la muestra presentada, tal parece que los cuerpos eran depositados en un pozo hecho en el área ocupada como vivienda y luego cubiertos con la tierra sacada de él. Esto quiere decir que eran enterramientos directos, dentro de sus casas a excepción de dos de Balberta Central que estaban en contextos diferentes. En algunos casos como los entierros 5, 21, 22 y 26, descansaban sobre un piso lo que podría pensarse como que fueron colocados sobre un piso previamente usado y ocupado como la superficie de la casa y pusieron el cadáver encima y luego colocaron relleno e hicieron otra construcción donde continuaron viviendo. Otra posibilidad, que parece ser más factible, sería que el individuo hubiera sido colocado en un pozo que tenía como fondo el piso de la última ocupación, pero esto no puede comprobarse hasta que no se hagan excavaciones extensivas de los lugares donde encontramos entierros.

Se pudo apreciar que en algunos casos (Entierros 21, 23 y 26), debajo del cuerpo se encontraron depósitos primarios de tiestos los que podrían considerarse como un tipo especial de preparación del terreno para colocar al muerto, posiblemente rompiendo parte de las cosas usadas en vida por el individuo enterrado allí.

Además de hacer un pozo dentro de lo que fue el montículo habitacional, en 7 casos (Entierros 2, 3 4, 9, 12, 19 y 23) el pozo llegó hasta la arena estéril. Podría interpretarse esto como una manera de colocar al individuo muerto lo más lejos posible del lugar de vivienda (considerando que continuarían ocupando las casas después del entierro) por respeto al espiritú del muerto, o por motivos puramente sanitarios.

En base a la muestra estudiada, no parece haber habido preparación especial del terreno. Posiblemente hayan estado acostados sobre alguna manta o petate pero esto es especulación ya que por ser materiales que no se conservan no fueron encontrados.

4. POSICION

Un rasgo que no podemos dejar de tomar en cuenta es la forma como el individuo fue colocado, ya fuera de decúbito ventral o de decúbito dorsal. Esto fue notado por Lubbock y Gluckman (en Bartel, 1982). Ellos mencionan que en el patrón funerario se reflejan distinciones en las funciones políticas, económicas y mágico religiosas según el sexo. En el caso de Balberta, solo podría identificarse la diferente colocación. Parece ser que los individuos masculinos estuvieron de decúbito ventral y los femeninos de decúbito dorsal (tabla 4). En algunos casos no pudo identificarse su posición por la mala conservación de los huesos. El hecho que el individuo estuviera colocado extendido es un reflejo que la colocación era muy importante para la comunidad. Esto porque para colocar el cuerpo extendido se necesitó de un pozo más largo y por ende, más tiempo para preparar el terreno y su posterior llenado después del enterramiento. Este es otro hecho que apoya la idea de que la muerte fue un fenómeno determinante en el comportamiento de la sociedad de Balberta, indiferentemente a si el individuo era miembro de la élite o no, pues parece haber afectado a ambos grupos.

5. ORIENTACION Y RELACION DE PUNTOS CARDINALES

Después de ver la tabla 2, se puede notar la casi uniformidad de la orientación este-oeste (el cráneo en el oeste) de los entierros de Balberta. Podemos hablar de una relación de la muerte con el oeste, o mejor dicho de la concepción de la muerte de los individuos de Balberta con el oeste, como ocurre en varios sitios en Mesoamérica. El oeste es donde se pone el sol, nos hace pensar en el final de la luz, del día, de la vida. Interpretado también como el principio de un nuevo ciclo, la noche o del nacimiento en el otro mundo.

La relación de la orientación del cráneo hacia el oeste y la aplicación del pigmento rojo, podemos entender que como han señalado varios autores (Ruz, op. cit.), el rojo es el color relacionado con el este o sea donde sale el sol, donde nace la vida y por ello la aplicación de este pigmento preparaba al individuo para su nueva vida. El pigmento era colocado cerca o sobre el cadáver después de muerto, pero por ser un óxido de hierro, era tan fuerte que penetraba hasta los huesos dejando manchas en ellos y esta es la evidencia que tenemos, además del color rojizo del terreno donde descansaba el individuo.

Si tomamos en cuenta el argumento de Binford (1972) sobre que los cambios en el modo de colocar al muerto, indican cambios de vista sobre la vida futura, para los individuos de Balberta y alrededores, existió un patrón estable durante el Formativo Terminal y Clásico Temprano en cuanto a que no tuvieron cambios sobre la supuesta visión del futuro. Tanto los entierros en la zona habitacional como los pocos de la zona ceremonial (a excepción del niño sacrificado), mantienen el patrón de colocar al individuo en posición extendida y con la cabeza en el oeste.

El hecho que la orientación tenga relación con el sol, puede ser interpretado como que éste fue un astro importante en los conceptos rituales de los habitantes de Balberta.

6. OFRENDAS Y SU FUNCION

Parece ser que los antiguos habitantes de Balberta mantuvieron la creencia de la existencia de otra vida la cual al individuo se le preparaba especialmente, debido al acompañamiento de ofrendas, y de aquí que tomemos en consideración su asociación funeraria. La mayoría de ellos estuvieron acompañados de ofrendas que servirían al individuo en la otra vida. Como generalmente se conoce en Mesoamérica, se le colocaban los utensilios que fueron mas comunmente usados en la vida cotidiana por el individuo, para contar asi con las poseciones básicas en la nueva vida. En algunos casos se les incluía comida, además de objetos materiales. En Balberta, posiblemente algunos entierros tuvieron comidas u otras ofrendas de material orgánico que con el tiempo no pudo conservarse y por eso no se encontraron. El número y la calidad de ofrendas colocadas a los entierros puede indicarnos la posición ocupada por el individuo dentro del grupo social, al igual que aspectos relacionados a edad y sexo (Bartel, 1982). En Balberta, los entierros de niños (19, 24 y 26) presentan muy pocas o ninguna ofrenda (tabla 3).

A continuación, se refieren las posibles funciones de los individuos según sus ofrendas. El Entierro 1 con los dos malacates asociados y una mano de moler, podría pensarse que fue una persona que estuvo trabajando hilando algodón (que es para lo que se usan los malacates) y moler algún grano o preparando algún material para comida u otra actividad. Además de estas ofrendas también tuvo una pequeña cuenta de jade.

El Entierro 2, únicamente tenía un cuenco incompleto negro inciso con diseño y forma muy diferente a los demás encontrados en el sitio (ver fig. 8). Parecen ser diseños relacionados con los puntos cardinales, que podrían indicarnos algún tipo de trabajo especial realizado por el individuo al cual estaba asociada dicha ofrenda. Junto a este entierro, estaba el Entierro 3, el cual parece contemporáneo al mismo. Este presentaba dos comales, un cuenco, una cuenta de jade, lo que indicaría posiblemente un mejor nível de vida de este respecto al anterior. Sin embargo ello puede deberse a su sexo ya que el Entierro 2 parece corresponder a un individuo masculino mientras que el 3 a un femenino. De aquí que se pueda pensar en la muerte del hombre y el posterior sacrificio de un acompañante (o viceversa) en su viaje a la otra vida (posiblemente alguien relacionado por consanguinidad). Talvés por esta razón parte del cuerpo del Entierro 3 fue quemado y no pudo conservarse (fig. 8).

El Entierro 4 sólo tenía un cuenco como ofrenda. Posiblemente el que usó en vida para comer ya que no presentó ninguna decoración especial y más parece de tipo utilitario. El Entierro 5 tenía un malacate y una mano de moler, además de una cuenta de jade lo que tendría relación con las ofrendas del Entierro 1 y podría indicar la misma función social del individuo del mencionado entierro, pareciendo ser una mujer. El Entierro 7 únicamente tenía un soporte mamiforme asociado y no creo que este haya sido colocado como ofrenda. Los Entierros 8, 11 y 13 son parte de un entierro múltiple. Las ofrendas para estos entierros son 3 fragmentos de vasijas mamiformes Usulután, una figurita zoomorfa, un vaso negro con bastate huella de uso y una mano de moler.

El Entierro 9 únicamente tenía un plato negro como ofrenda, el cual al igual que el Entierro 4 pudo haber sido usado como utensilio durante su vida. El Entierro 10 incluyó un fragmento de cuenco naranja, una navaja de obsidiana sin uso y una mandíbula de un niño de dos años. El Entierro 12 tenía un malacate, un fragmento de cuenco y una cuenta de jade lo que lo hace similar a los Entierros 1 y 5; por lo que podría pensarse que compartían la misma función social que los individuos de estos otros entierros.

El Entierro 14, sólo tuvo un fragmento de cuenco negro y corresponde a un niño de 8 años. El Entierro 15 tenía 59 piedras, 6 fragmentos de manos, 17 fragmentos de piedras de moler y 34 otras piedras, asi como un cuenco naranja junto con el cráneo de un niño de aproximadamente 12 años. Por el lugar donde fue encontrado (la base este del montículo 591901), podría pensarse que fue ofrenda al mismo. El Entierro 16 incluyó una navaja de obsidiana junto a tres huesos trabajados lo que indicaría otro tipo de función del individuo dentro de la sociedad de Balberta en relación a los entierros mencionados anteriormente.

El Entierro 17, presentó seis ofrendas, 5 vasijas completas y un disco de cerámica a la altura de la pélvis. Este entierro corresponde a un individuo de un estrato superior al de todos los anteriores siendo representativo de un miembro de la élite de Balberta. Primero por haberse encontrado en la plataforma del centro ceremonial y luego por el número y calidad de las ofrendas, que contrastan con las de los anteriores entierros.

El Entierro 18 como ya se mencionó anteriormente podría ser dedicatorio a las actividades celebradas en ese lugar de la plataforma. Es el mismo caso que el Entierro 19, correspondiente a un niño que parece haber sido sacrificado para su posterior colocación como ofrenda a la construcción. Es importante señalar que la estructura donde estaba colocado dicho entierro, no presenta ningún tipo de construcción especial, y más bien parece que fue edificado en un solo esfuerzo, para cumplir con el patrón del sitio durante el Clásico Temprano.

El Entierro 20, con un malacate, un cuenco negro y una cuenta de jade, también podría relacionarse en función social a los Entierros 1, 5 y 12. La diferencia consistiría en que este es del Clásico Temprano, mientras que los anteriores corresponden al Formativo Terminal. El Entierro 21 tenía cinco cuencos sin decoración y estaba asociado al Entierro 22 en el mismo nível, el cual incluyó únicamente dos cuencos y una mano de moler. Este podría ser un caso similar a los Entierros 2 y 3, aunque de diferentes épocas.

El Entierro 23, fue un entierro sin ofrendas que posiblemente estuvo amortajado en forma de bulto y colocado sobre algunos tiestos; este corresponde al Clásico Tardío. Este contrasta en tiempo con el resto de los entierros, y lo mismo puede ser la explicación a la diferencia del tratamiento mortuorio. El Entierro 24 pudo haber sido dedicatorio ya que fue encontrado dentro de una vasija Pilar Ware y correspondía a un niño de aproximadamente 3 años. El Entierro 25 tenía como ofrenda, 8 vasijas, una mano de moler y un pendiente de piedra verde. Los huesos de este individuo presentaron una coloración rojiza y uno de los cuencos de la ofrenda tenía dentro otro cuenco más pequeño con pigmento rojo, que podría ser un reflejo de su función social en vida. (artista, comerciante, etc.)

7. ENTERRAMIENTOS EN PAREJAS

Retomando la información anterior nos encontramos con dos casos de enterramientos en parejas: los entierros 2 y 3 asi como 21 y 22. Como mencioné anteriormente respecto a los dos primeros, podría ser que ambos hubieran tenido un parentesco de consanguinidad y al fallecer uno de ellos, el otro fuera sacrificado para acompañarlo en su nueva vida. Debo señalar que la distancia que separa a uno del otro varía aproximadamente 60 cms. estando a la misma profundidad (figs. 8 y 32). El hecho de que se haya encontrado esta forma de enterramiento podría ser casualidad, aunque el hecho de encontrarse a la misma profundidad y separados por tan pocos centímentros, apoya la idea de que estos fueron depuestos juntos. La posibilidad de demostrar si efectivamente los individuos fueron enterrados juntos, hubiera sido realizar excavaciones extensivas en ambos montículos pero debido a los objetivos y el tiempo, ello no pudo realizarse. Sin embargo, casos similares a estos fueron reportados en Chalcatzingo para el Formativo Medio (Morales, 1987). Además de estos ejemplos, los Entierros 8, 11 y 13 parecen conformar un entierro múltiple como ya mencionara arriba. Se puede pensar que los Entierros 8 y 11 fueron dedicados al 13, por estar estos dos primeros incompletos, aunque debemos considerar que se encontraban muy cerca de la superficie y además los huesos estaban en muy mal estado de conservación; estos dos contrastan con el Entierro 13 que estaba completo y el número y calidad de las ofrendas es diferente a las de los otros entierros individuales encontrados para la misma época. Sin embargo no se puede descartar la posibilidad que el Entierro 13 haya estado desde antes del enterramiento de los Entierros 8 y 11 y que el mismo haya sufrido disturbio por la colocación de estos dos últimos.

8. SEXO Y MORTALIDAD

De la muestra total, el 36% corresponden a individuos del sexo masculino, el 28% al femenino, aunque un 8% de este grupo es dudoso, el 24% a niños y subadultos de los cuales no se conoce su sexo y un 12% que sabemos que son adultos pero no conocemos su sexo (tablas 5 y 6). Así que parece haber una mayor población masculina, lo que es un rasgo característico de los mamíferos (mayor nacimiento de machos que hembras, Clarke, 1965:73). Debido al desconocimiento del sexo de los niños y subadultos, no sabemos que porcentaje de la población, según su sexo, llega a ser adultos, pero por lo visto en los grupos de adultos jóvenes y maduros, parece que son los individuos de sexo masculino.

Igualmente, parece haber una tendencia mayor de vida en la población masculina, más que la femenina (tablas 5 y 6). La mortalidad de subadultos y niños es menor en relación a la de adultos, lo que indica una tendencia de vida mayor de los 20-30 años en la población en general, sin embargo, faltan más estudios para determinar las causas de la muerte. Conocemos un caso causado por el golpe en el cráneo del Entierro 4 con un instrumento que penetró el hueso y provocó su muerte, supuestamente violenta, pero es un caso único y no se puede generalizar respecto a otros hasta que no se hagan estudios más minuciosos.

9. COMPARACION DE ENTIERROS EN BALBERTA

A lo largo del Formativo Terminal y Clásico Temprano se mantuvo el patrón funerario de Balberta. En esencia se puede observar que los principales detalles se mantienen tales como: colocación del individuo en posición extendida, directos, aplicación de pigmento rojo, acompañamiento de ofrendas, orientación este-oeste y Az 270 - 290' (tabla 2). Sin embargo el número y calidad de las ofrendas varía de una época a otra. Esto pudo observarse tanto en contextos domésticos como contextos posiblemente elitistas. En los entierros Clásico Temprano encontrados, de 8 en total; 6 de ellos tienen mayor número de ofrendas y de mejor calidad que los del Formativo Terminal, de los 6 mencionados, tres provienen de contextos elitistas. Lo anterior parece indicar que el Clásico Temprano fue una época muy próspera en donde tanto los individuos pertenecientes a la élite, como aquellos que no, podían poseer más objetos que los individuos del Formativo Terminal. Las ofrendas del Clásico Temprano no son exóticas o importadas, (a excepción de la obsidiana verde del Entierro 18) pues más bien se trata de cerámica hecha localmente sin incorporación de estilos extranjeros, además, el número de ofrendas sube en relación a la época anterior.

Algo que es sumamente importante señalar es que en general, la preparación del individuo sigue un patrón que se puede apreciar desde el Formativo Terminal (exceptuando el número de ofrendas). Durante el Clásico Temprano no cambia la orientación del individuo (a excepción del Entierro 19 que fue colocado con otro propósito en la base del montículo) y esto refleja que la población seguía teniendo las mismas ideas sobre la muerte y el futuro. Igualmente esto refleja una misma tradición en cuanto al ritual de la muerte para ambas épocas que creo es determinante para asegurar que no hubo influencia extranjera en el patrón funerario.

Parece ser que el grupo social elitista tenía mucho poder económico, lo que se refleja en el control de la población para la construcción de Balberta Central en tan poco tiempo. Por lo tanto, era una época en la que todos gozaron de ese poder económico. No porque la élite haya repartido sus ganancias, sino porque la población en general era productiva y tenía acceso a cierta seguridad económica. Con esto no quiero decir que no existían rangos dentro de la sociedad Clásico Temprano, al contrario, quiero enfatizar que la hegemonía que la élite tenía, se encontraba reflejada en la gente común, la cual se mantenía ocupada y posiblemente tenía mayor acceso a cosas que la gente del Formativo Terminal no tuvo.

Claramente puede verse una especialización de parte de ciertos individuos del Formativo Terminal y Clásico Temprano como mencioné antes. Los entierros 1, 5 y 12 parecen ser de mujeres que según sus ofrendas, estaban realizando algún trabajo con los malacates que han sido identificados para hilar y actualmente todavía son usados por algunos indígenas del altiplano. Esto corresponde al 13% de la muestra. Aunque en un bajo porcentaje, esto puede interpretarse como cierto grado de especialización de un grupo de la población femenina. Hasta este momento no sabemos qué textil estaban hilando, pues no tenemos restos de algodón o algo similar; sin embargo, se sabe según las fuentes históricas que el algodón blanco y café fue sembrado y cosechado en las áreas costeras calientes (Johnson, 1962:315). Se tiene evidencia actual que el algodón crece sin ningún problema en zonas cercanas a Balberta, además de existir prueba de su uso en épocas prehispánicas. Era obligación de las mujeres instruir a sus hijas sobre como hilar y tejer. Cuando nacía una niña se le regalaban instrumentos para hilar y tejer los cuales iban acompañados de una instrucción ceremonial (Johnson, op cit.). Consecuentemente y especulando un poco, podría ser factible que Balberta, al igual que otros sitios, hubiera sido un centro con cierto control sobre la producción del algodón y con parte de su población especializada en su cosecha y procesamiento (lo cual pudo ser una actividad generalizada en muchos sitios de la región aún no excavados). Según esto, el algodón pudo haber salido procesado de Balberta hacia otras regiones fuera de la esfera de influencia del sitio en forma de comercio y/o intercambio con otros grupos sociales.

La especialización en cuanto al trabajo con malacates, no solo es apoyado en la evidencia mortuoria, sino en el número de malacates encontrados en el sitio (39 ejemplares, representados el 28% en Balberta Central y 72% en la periferia), además de ser éstos, los más tempranos encontrados en el departamento de Escuitla. La presencia de los malacates se da en contextos Formativo Terminal y Clásico Temprano; todavía no se han analizado estos malacates para determinar si existen variaciones temporales, pero es un estudio próximo será conocido su resultado.

Según lo anterior tenemos que durante estas épocas el patrón funerario se mantiene bastante rígido, no presentando incorporación de rasgos extranjeros tanto en las ofrendas (a excepción de la obsidiana verde del Entierro 18), como en la disposición del cadáver. Según Kroeber (1927), la aparente diversidad y rápido cambio en la colocación del cuerpo está asociado con el grado de contacto intersocial. Con esto, él quiere decir que grupos relativamente aislados se adherían a uno, o pocos métodos de disposición del cuerpo a través del tiempo, mientras que aquellos grupos en contacto cercanos con otras sociedades tienden a tener más métodos de disposición del cuerpo.

En el caso de Balberta, yo no creo que haya sucedido lo que Kroeber propone. Creo que el sitio tenía contactos mediante redes de distribución, con gente de otros lugares, posiblemente con el centro de México, por la presencia de navajas de obsidiana verde de la fuente de Pachuca, Hidalgo, entre otros y sin embargo éstos no fueron más que contactos sin ninguna influencia sobre la organización sociopolítica local del sitio.

Parece ser que la hegemonía que tenían los gobernantes de Balberta, no hizo necesario la incorporación de rasgos extranjeros en el patrón funerario, pues localmente habían logrado alcanzar un desarrollo lo suficientemente alto como para establecer y mantener su propio patrón ideológico y religioso. No por esto ellos estaban aislados.

Son necesarias más investigaciones en la región para establecer si el patrón de Balberta se presenta en otros sitios y si el grado de expansión del mismo pueda reflejarse en otros lugares, lo que en algún momento nos ayudaría a inferir sobre la extensión territorial bajo su control.

Como se mencionó antes, se encontraron únicamente 3 entierros en el área ceremonial, los cuales corresponden al Clásico Temprano y 23 a contextos domésticos del Formativo Terminal y Clásico Temprano. Sin embargo, entre estos contextos domésticos señalaré una diferencia observada entre los tres entierros encontrados en el montículo 591901 al noreste de la estructura 21 de Balberta Central.

De los entierros 15, 16 y 25, los primeros dos corresponden al Formativo Terminal y el último al Clásico Temprano. Según las ofrendas de estos individuos, pareciera ser que tenían un papel diferente dentro de la sociedad de Balberta. A excepción del entierro 15, que parece ser dedicatorio a la construcción, los otros dos presentan artefactos asociados bastante diferentes a los encontrados en otros entierros. Posiblemente este montículo fue una plataforma residencial durante el Formativo Terminal así como en el Clásico Temprano. Esto es muy factible si consideramos que el lugar está muy cerca a lo que se cree fue el centro Formativo Terminal de Balberta. Además, por la cercanía del mismo, pudo continuar siendo ocupado durante el Clásico Temprano por especialistas artesanos o aún por miembros de la élite. Aquí debo hacer énfasis en el hecho que el Entierro 25 presentó 4 ofrendas más que el Entierro 17 que fuera encontrado en la plataforma de Balberta Central. También le doy el significado de área residencial ya que en las excavaciones encontramos evidencia de pisos con depósitos primarios de tiestos.

Estos entierros contrastan grandemente con los otros entierros de contextos domésticos. Principalmente con los Formativo Terminal de la brecha norte. Ya se describieron las ofrendas de cada individuo y puede observarse diferencia en la calidad de las mismas entre los entierros mencionados. Esto se explica en que ambos corresponden al Clásico Temprano reflejando el bienestar de la gente común de aquella época.

Basándonos en la evidencia obtenida de los entierros, tenemos una sociedad con rangos, donde hay un grupo dominante cuyos miembros forman la élite de la sociedad así como otro grupo o grupos con diferentes funciones dentro de la comunidad. Para decir esto, me baso en el lugar donde los individuos fueron enterrados.

Como ya se dijo, 23 entierros se encontraron en contextos domésticos en la periferia de Balberta (al norte y este del centro ceremonial), mientras que 3 en el centro. De estos tres, el más importante y significativo para hacer inferencias sobre los rangos de la población, es el Entierro 17. Este individuo formó parte de la élite y fue enterrado en su vivienda. El vivió en la plataforma de 180 por 160 metros la cual en una parte fue la residencia de la élite según los resultados de las excavaciones extensivas realizadas en el lugar.

Tenemos pues que el patrón funerario viene a ser el mismo de la gente de la periferia: entierro extendido, dentro de lo que fuera su casa, acompañado de ofrendas para su viaje a la otra vida. La única diferencia es el lugar donde se encontró el enterramiento, que es determinante para advertir un nível de rangos en la población.

Los otros dos entierros son importantes en cuanto a los lugares asociados debido a que el Entierro 18, como ya se mencionó, es secundario y se encontró en un el área de ofrendas especiales (urnas y cántaros con imitación de semillas de cacao en barro), acompañado igualmente de ofrendas exóticas (punta de flecha de obsidiana verde, punta de proyectil de obsidiana, entre otras). En este caso podemos pensar que el individuo, no necesariamente perteneció a la élite, aunque si debió ocupar un lugar importante para haber sido parte de la ofrenda en un lugar elitista con posibles connotaciones ceremoniales.

Finalmente, el Entierro 19, fue colocado en la base de la estructura 8, en la plaza, sin mayor acompañamiento de ofrendas a diferencia de los otros dos. El infante representado en dicho entierro, pudo no ser un miembro de la élite, aunque representaría parte de la ideología de la misma por encontrarse en ese contexto pareciendo ser más bien un entierro dedicatorio al edificio, posiblemente utilizado por miembros del grupo dominante.

El que estos tres entierros contrasten con la muestra de la periferia, principalmente por el lugar donde se encontraron, permite distinguir un grupo gobernante y otro gobernado. El nível social de estos grupos es difícil de determinar con la muestra que contamos, además de haber tomado sólo el patrón funerario para hacer estas inferencias. Sin embargo, se puede hablar de especialización del trabajo dentro de ellos como ya se planteó con los entierros 1, 5, 12 y 20. Posiblemente los individuos que no presentaron ofrendas fueron gente dedicada al cultivo de la tierra, u otra actividad, sin ningún otro papel determinante dentro de la sociedad de aquel tiempo. Podemos apoyar esta idea con la evidencia que tenemos de las inserciones musculares profundas que presentan varios individuos de la brecha norte. Posiblemente los que las tienen más marcadas en los miembros superiores e inferiores se dedicaban al cultivo de la tierra; mientras que los que las presentan profundas en el cráneo se dedicaban a cargar algún tipo de materiales pesados ya fuera con la cabeza o bien mediante mecapal; además de trabajar la tierra.

Se puede hablar que tales inserciones musculares estén relacionadas con el cultivo de la tierra, suponiéndo que Balberta tenía para el Clásico Temprano una hegemonía, basada principalmente en el control de ciertos productos que estaban cultivando en los alrededores. Uno de estos habría sido el algodón, según la evidencia presente de malacates en los entierros, además de ser el clima propicio para que crezca esta planta. Otra posibilidad es que las incersiones musculares hayan sido dejadas por el trabajo realizado al construír Balberta (acarreando material en canastos y colocándolo adecuadamente) tomando en cuenta para decir esto que el centro fue construído en un sólo esfuerzo.

CAPITULO III
COMPARACION DE ENTERRAMIENTOS DE BALBERTA Y OTROS SITIOS EN LA COSTA PACIFICA Y MESOAMERICA

Muy pocos estudios se han realizado donde se tome en cuenta el patrón funerario de los sitios arqueológicos, principalmente en la Costa Pacífica de Guatemala y El Salvador.

Al estar estudiando el patrón funerario de Balberta, me dí cuenta que una comparación del mismo con el de otros sitios de Mesoamérica, serviría para establecer relaciones y/o diferencias que podrían ser significativas y determinantes en el desarrollo de Balberta. Por ello, decidí tomar una muestra de varios sitios en la Costa Pacífica en el sur de Mesoamérica, desde Chiapas hasta El Salvador, al oeste del Río Lempa. Esta división geográfica la hice pensando que los sitios enmarcados en ella, son los que tuvieron mayor relación con Balberta además de haber estado asentados en la Planicie Costera del Pacífico. Se utilizará la información para compararla con algunos sitios y/o áreas, siempre del sur de Mesoamérica, que tuvieron una ocupación temporal paralela o porque presentaron características similares al patrón funerario de Balberta. Presentaré la información tal como aparece en los reportes de investigación, para realizar posteriormente la comparación.

CHIAPAS

En el litoral de Chiapas (fig. 3), una de las referencias de entierros más tempranas es del período Arcaico Tardío (3000-2000AC), donde sólo se encontró un entierro de un individuo adulto masculino, estaba flexionado de decúbito dorsal y con el cráneo al este. Parece ser que las manos estuvieron colocadas bajo su cabeza. No presentó ofrendas. Se pudo establecer que la dieta de este individuo tuvo muchas substancias abrasivas que parece ser un rasgo característico de grupos de la Costa. Se cree que fue una persona del grupo Chantuto (Voorhies, 1976). En el mismo sitio se encontraron 3 entierros del postclásico, pudiéndose identificar la posición de uno; estaba flexionado sentado viendo hacia el Norte con una vasija plomiza en la cabeza. Parece que padeció osteoartritis.

En Altamira, en la costa baja de Chiapas (fig. 3), se encontraron solo 3 entierros de adultos extendidos y flexionados correspondientes al Formativo Tardío. Uno de ellos estaba directamente sobre terreno estéril. "Los entierros de las pequeñas excavaciones fueron muy pocos y no tuvieron ofrendas, lo que sugiere ningún valor social o religioso, lo único es que el enterramiento estaba profundo lo que refleja ya sea miedo o respeto por el individuo" (Green y Lowe, 1967:77).

En Paso de la Amada, otro sitio Formativo, sólo se encontraron 4 entierros. Dos entierros presentaron características similares, estando flexionados y con los miembros superiores cerca de la mandíbula inferior, la

diferencia fue que uno estaba orientado Norte-Sur mientras
que el otro Este-Oeste. El primero estaba descansando sobre
terreno estéril. Uno de los otros dos entierros fue
secundario y el otro presentaba disturbio asociado con
tiestos Ocós. Ninguno de ellos tenía ofrendas. (Ceja, 1985).
En otro sitio temprano, Pampa El Pajón, localizado en el
estuario de Chiapas (fig. 3), se encontró un único entierro
de un niño de aproximadamente 12 años, estaba extendido de
decúbito ventral orientado Norte-Sur, no tenía ofrenda y se
cree que corresponde al Formativo Medio por tiestos que se
encontraron asociados. Interesante es el hecho que presentó
deformación cráneana del estilo de las figuritas olmecas
(Pailles, 1980).

En Izapa, Lowe, Lee y Martinez (1982) presentaron el reporte
de uno de los sitios más documentados y estudiados por su
importancia en el área de Soconusco (fig. 3).

Para el Formativo Tardío no se encontraron entierros, aunque
este fue el período de mayor florescencia del sitio. Durante
la Fase Hato (50AC-100DC), en una plataforma sencilla baja,
se localizaron entierros introducidos en urna, que es una
tradición que se va a mantener en el sitio a lo largo de 1000
años. Trece entierros en urna se encontraron para esta fase,
uno al lado oeste de la plataforma y los demás en el eje
norte-sur. Todos o casi todos los entierros fueron
introducidos después de la construcción original. Esta
tradición se encuentra restringida al montículo 30d del grupo
B durante esta fase, que luego continúa en el grupo F durante
la fase Itstapa (100-250DC). De esta fase en adelante, el
Grupo F pasó a ser el centro de crecimiento y actividad en
Izapa y el grupo B pasó a tener una función de adoratorio.
De todas las ofrendas encontradas en el montículo 30d, sólo
un cuenco parece tener relación con Chiapa de Corzo que
experimentaba para este tiempo su maximum de desarrollo
cultural. Similar a este cuenco hay varios en Chalchuapa,
El Salvador.

Los entierros de la Fase Itstapa fueron 7 y se limitaron al
Grupo F como ya se mencionó. Todos fueron en urnas con pocas
vasijas a excepción de uno que tenía muchas vasijas, orejeras
de jade, cuentas y fragmentos de navaja de obsidiana. Para
la Fase Jaritas (250-400DC) se encontraron 5 entierros en
urna en el grupo F con vasijas asociadas, jade y obsidiana.
En la Fase Kato (400-500DC), se encontraron 5 entierros en
el grupo F. Cuatro de ellos en urnas cada uno con hasta 30
vasijas y otras ofrendas exóticas (puntas de lanza retocadas
y navajas de obsidiana, jade, malaquita, galena, mica,
pizarra, cristal de cuarzo, etc.) En esta época, el
horizonte teotihuacano no presentó cerámica de intercambio
aunque si imitaciones locales de estilo, ninguna de ellas en
el Grupo F. Para la Fase Loros (500-600DC) continúan los
entierros en urnas aunque ya se construyen tres tumbas con
piedra, cada una con abundantes ofrendas. Durante la Fase
Metapa (600-700DC), solo se encontró un entierro con piedras
alineadas. Para el Clásico Tardío y Postclásico continúan
los entierros en urnas con ofrendas asociadas tales como
vasijas, jade, obsidiana, etc.

Se debe señalar que es muy importante el hecho que no se hayan encontrado objetos del oeste de Chiapas, la Costa del Golfo ó alguna otra región mexicana y que no se hayan encontrado este tipo de entierros en otro lugar en Izapa. Shook reportó entierros similares intrusivos en San Marcos como veremos más adelante. Esto parece fotalecer la evidencia de una fuerte y grande sociedad de Soconusco con sus relaciones dominantes externas al este durante el Formativo Terminal y Clásico Temprano. La práctica de entierros en urna para el Formativo Terminal no se limitó solo a Izapa y el suroeste de Guatemala. Es importante señalar que ésta tradición, con cerámica importada y ofrendas de jade, se expandió al oeste al Río Coatán (en Guanacastlán y aún hacia Soconusco donde los tetrapodes Usulután y un tipo de figuritas guatemaltecas sentadas en una banqueta, fueron reportadas e ilustradas por Navarrete (Lowe, et. al., op. cit.)

Otro sitio en Chiapas, Chiapa de Corzo (fig.3) arrojó bastante información en cuanto a patrón funerario pues se encontraron varios entierros durante las excavaciones. El montículo 5, que fue densamente investigado, dió como resultado 11 entierros. Todos ellos pertenecientes a la Fase Istmo (100-200DC). A pesar de que todos pertenecen a la misma fase, no existe un patrón en cuanto a su colocación y orientación. Algunos de los entierros están orientados Este-Oeste, otros Norte-Sur; algunos flexionados y otros extendidos de decúbito dorsal. La mayoría son directos aunque también hay dos en cripta. Además de los entierros de este montículo, se encontraron otros en diferentes lugares del sitio. Ellos van desde la Fase Escalera (550-450AC) hasta la Fase Laguna (350-550DC). En la primera fase hay una tendencia a orientarlos Norte-Sur, la posición del cráneo fue indeferentemente el norte o sur, todos son sencillos y extendidos de decubito dorsal, a excepción del entierro 16. Durante las siguientes fases, los individuos fueron colocados flexionados o extendidos, algunos directos y uno en cista para la Fase Istmo. La orientación varía entre Norte-Sur y Este-Oeste, aunque hay una tendencia mayor a colocarlos Norte-Sur. (Lowe, 1962)

En el sitio de Mirador, en la depresión del Río Grijalva, en Chiapas, se conocen 26 entierros que provienen de un solo montículo, el número 20. Tres de ellos pertenecen a la Fase Francesa del Formativo Tardío y los otros a la Fase Laguna, Clásico Temprano. Posiblemente la gente de Mirador en la Fase Francesa no usó los montículos para el entierro de sus individuos al igual que en Chiapa de Corzo. La disposición de los entierros varía entre sencillos, en cista cubierto, tumba y urna (5 de los entierros están en urna). La orientación que predominó fue la Este-Oeste ya que 21 entierros fueron colocados así, además de uno Norte-Sur. Doce estaban sentados y siete tenían las piernas cruzadas. Once estaban flexionados, 5 descansando en el lado derecho, 2 en el lado izquierdo y 3 en sus espaldas. Casi todos miraban hacia el Este, y sólo un entierro tenía mutilación dental en la forma de incrustación. Cinco parecen haber sido sacrificados. Durante el Clásico Temprano, todos los entierros están orientados Este-Oeste, y 18 de 22 son sencillos; 8 tienen la cabeza al oeste y 10 al este. Seis de estos entierros tuvieron aplicación de pigmento rojo, a diferencia de uno de la fase anterior. De suma importancia es señalar que los entierros del montículo 20 de Mirador, muestran una marcada influencia teotihuacana respecto a las ofrendas, lo cual contrasta con Izapa que para ese mismo momento, no presenta la misma característica (Agrinier, 1970).

Santa Rosa, siempre en Chiapas (fig. 3), fue otro sitio que se reportó con 9 entierros. Ellos varían en períodos desde el Formativo Medio hasta el Clásico Temprano. Como en otros sitios que ya hemos visto anteriormente, también hay una variabilidad en la manera de colocar y orientar el entierro. Algunos son extendidos de decúbito dorsal, dos de decúbito ventral, algunos Norte-Sur y otros Este-Oeste, no presentándose un patrón rígido en ninguno de los períodos. (Delgado, 1965)

GUATEMALA

Continuaremos con los entierros de la región del Pacífico en el departamento de San Marcos, Guatemala. En El Sitio, se encontraron urnas grandes especialmente usadas con fines mortuorios, la urna de abajo contuvo al cuerpo flexionado en posición sedente, mientras que la de arriba únicamente cubrió a la inferior. Los entierros de este sitio pertenecen al Formativo Tardío (Shook, 1973). De forma similar, aunque de mayores dimensiones a las de El Sitio, se encontraron entierros en El Jobo, departamento de San Marcos, proveniendo la mayoría de los entierros de un mismo montículo (Shook, op. cit.). En los sitios de Santa Clara y Buena Vista, cerca de Ayutla, se encontraron entierros de niños en urnas plomizas correspondientes al Clásico Tardío (Shook, ibid). Este patrón tiene relación con la tradición del sitio de Izapa y la sugerencia de una relación con el área de Soconusco. (Lowe, Lee y Martinez Espinoza, 1982). En La Victoria, también en el departamento de San Marcos, se encontraron únicamente seis entierros los cuales correspondieron a las Fases Ocós, Conchas y Crucero. Tres de ellos fueron extendidos, dos de decúbito dorsal y uno de decúbito ventral, todos estuvieron orientados Este-Oeste con el cráneo en el Este. Los otros tres estaban en tan mala condición que no fue posible determinar su posición u orientación (Coe, 1961). En La Blanca, se encontraron entierros en muy mala condición (Michael Love, comunicación personal, 1987).

Desde San Marcos hasta Escuintla, poco se ha investigado sobre el patrón funerario y de lo que se ha hecho, no existen referencias escritas para poderlo tratar en esta comparación. El municipio de Tiquisate, entre los ríos Madre Vieja y Nahualate, fue un área ocupada densamente durante tiempos precolombinos, algunos entierros del Clásico Temprano se encontraron profundos en el relleno de estructuras piramidales y plataformas, o en áreas alejadas de las estructuras (Shook, 1973). Generalmente los entierros fueron enterrados en posición extendida con las ofrendas alrededor

de la cabeza y hombros. La presencia de carbón y marcas de
fuego cerca del esqueleto indican ritos mortuorios. Tanto los
entierros extendidos como los flexionados son comunes, al
igual que los multiples. Ejemplo de estos últimos son los
resultados de recientes hallazgos de entierros en el sitio
Sin Cabezas, donde en dos montículos se encontraron 27
entierros correspondientes al Formativo Tardío. Uno de los
montículos parece haber sido una residencia elitista,
mientras el otro funcionó como cementerio. Las prácticas
mortuorias de este sitio incluyen inhumaciones primarias y
secundarias, entierros sencillos y múltiples en bultos. Esto
contrasta con los entierros de Balberta separado por sólo 50
kms. al este. La orientación del cuerpo fue Norte-Sur con
la cabeza al Norte en la mayoría de los casos y sólo 3 tres
al Sur. (Colby, 1986).

En el sitio El Bálsamo, Santa Lucía Cotzumalguapa, solo hubo
referencia de restos óseos al aplanar un montículo, sin
encontrarse entierros en las excavaciones (Shook y Hatch,
1978).   En Monte Alto, La Democracia, se encontraron 2
entierros con vasijas, jade y una máscara al igual que un
depósito de piedras y entierros en urnas para el Clásico
Tardío (Stuart, 1969).   En el museo de La Democracia se
observan hasta 36 piezas que parecen corresponder a un
entierro Formativo, aunque no hay referencia de su
procedencia exacta, aunque se sabe que es de Monte Alto.   En
Bonampak, municipio de La Gomera, se documenta un entierro
sencillo, directo, extendido de decúbito dorsal, orientado
Este-Oeste, tan cerca de la superficie que fue expuesto por
un tractor al arar parte de un montículo.   Este entierro
presentó los dientes mutilados y tenía como ofrenda un vaso
cilíndrico trípode negro y un hueso decorado (Bové, NC 1985).
En Carolina, un sitio postclásico cerca de La Gomera, hubo
un entierro primario, flexionado sedente dentro de terreno
estéril, bajo un montículo residencial (Bové, NC 1983).

El sitio Mi Cielo, en la costa de Iztapa, Escuintla,
localizado a la orilla del Río María Linda, dió un número
grande de entierros, desde el Formativo hasta el Clásico sin
que hasta el momento se sepa del patrón funerario debido a
la falta de publicaciones de las excavaciones del sitio. Sin
embargo, tuve conocimiento que se encontraron entierros tanto
directos como indirectos en urnas, contando algunos con
bastantes ofrendas. En un reporte preliminar (Gilbert 1980)
se menciona que los individuos de Mi Cielo padecieron de
osteoartritis aunque tuvieron buena salud oral. También se
refieren casos de deformación craneal para el Formativo y el
Clásico Temprano.

Parece ser que los cementerios en la Costa Sur fueron más
comunes de lo que los registros arqueológicos indican.
Accidentalmente fueron descubiertos tres de ellos: uno en el
sitio Sololá, 9 kms. al norte de Tiquisate, otro en Ticanlú,
17 kms. al suroeste del mismo lugar y un tercero en el Puerto
de San José.

En general, en la mayoría de los sitios del Clásico Tardío
son característicos los entierros en urnas como sucede en el

caso de Paraíso, en La Gomera, Buena Vista, San José y otros en la costa, asi como en el altiplano en los sitios de Zaculeu, Nebaj, Chalchitán, Zacualpa, Chamá y otros (Shook, 1973).

Además de la Costa Sur, se cuenta con documentación del altiplano, pero de especial mención en este trabajo son los escasos entierros domésticos de Kaminaljuyú, por corresponder en tiempo a la época que estudiamos en Balberta.

Aunque es un sitio grande situado aproximadamente a 90 kms. de Balberta, solamente se mencionarán los entierros del Grupo B-III-5, además de otros que fueron recientemente descubiertos, pues son muy pocos los de contexto doméstico conocidos hasta ahora. Se tiene documentación de entierros en contextos elitistas (Kidder et. al. 1946) pero para los intereses de comparación de este trabajo, sólo tomaremos la información de contextos domésticos conocidos en el Formativo y Clásico Temprano.

En la mayoría de los casos, cuando se hallaron entierros elitistas, los mismos estaban relacionados a una construcción especial como tumba, a lugares importantes o sobresalientes donde estaban los montículos, o bien a ofrendas que les acompañaban siendo éstas numerosas y especiales. Los entierros del grupo B-III-5, no dan indicadores de estatus, siendo 6 de ellos del Formativo Terminal, los cuales estaban extendidos decúbito ventral o dorsal y orientados hacia el Sur. Son entierros directos sin asociación de arquitectura elaborada y sobre ellos hubo mayor densidad de tiestos. En una parte del montículo se encontró un pigmento pero este no estaba asociado a ninguno de los entierros, aunque en otros lugares en Kaminaljuyú, se documenten entierros con aplicación de pigmento. De los entierros recobrados, dos parecen ser del Clásico Temprano o Medio.

Kirsch (1973:328), menciona que durante los períodos Formativo Terminal y Clásico, hay una transición de una sociedad simple con poca diferenciación a una más compleja y socialmente estratificada para el área. Enfoca su punto de vista en el patrón funerario. El dice que es durante el Formativo Terminal donde aparece la existencia de templos mortuorios. Primero se construye el montículo con escalinatas y terrazas y luego la tumba, como el caso del montículo E-III-3, donde se encontró al personaje principal, con sus subordinados (talvés sacrificados) con ofrendas exóticas y ricas. La colocación de los individuos sigue un patrón: extendidos y orientados Norte-Sur, siendo un entierro similar a este el del montículo D-IV-2. A esto sería importante señalar los casos de Sin Cabezas (Colby, 1986), Los Mangales y Chalchuapa (Fowler, 1984).

Kirsch (1973) dice que el patrón de entierros se mantiene durante el Clásico Temprano, pero es hasta el final de la fase Esperanza donde aparece el individuo sentado y con ofrendas de cilindros trípodes, vasijas efigies Naranja Delgada y cántaros con efigie de Tláloc, placas con mosaicos de pirita y conchas de mar. Estos artículo importados, supuestamente indican la presencia y/o influencia mexicana en el patrón funerario y su reflejo en el cambio del mismo. El propone que en Kaminaljuyú puede apreciarse una diferenciación de estatus en la forma de enterramiento y ofrendas y sugiere que los entierros sean categorizados en orden ascendente así: A-VI-6, B-III-1, C-II-12, D-IV-2 y E-111-3 (Kirsh, op.cit.:330).

Los recientes trabajos de rescate del Instituto de Antropología e Historia de Guatemala en areas periféricas de Kaminaljuyú durante 1987 a 1989, han descubierto varios entierros que han aportado información a la comprensión del patrón funerario del sitio. En uno de los montículos en las afueras de la ciudad de Guatemala, se localizó un entierro múltiple fechado para la fase Providencia (500-300AC). El entierro consistió en dos individuos, uno de los cuales estaba atado además de la presencia de 32 cráneos. Según las inferencias de los investigadores (Velásquez 1989) se cree que el entierro formó parte de un ritual asociado a la construcción del montículo hacia el final de Formativo Medio.

Otro de los recientes descubrimientos mortuorios se relaciona con un entierro correspondiente a la fase Charcas del Formativo Medio en el montículo B-IV-2 (Román 1989), el cual consistió en dos adultos masculinos con una orientación norte-sur. Esta orientación parece continuar hacia el Formativo Terminal como lo menciona Kirch.

Los entierros encontrados en el sitio Los Mangales en el Valle de Salamá son de particular importancia. Estos forman parte de un entierro múltiple, fechados para el Formativo Medio temprano en posición de decúbito ventral, acompañando a un personaje principal que estaba extendido de decúbito dorsal. Algunos de los entierros acompañantes estaban decapitados, y sus cabezas colocadas como cabezas trofeos boca abajo. El desmembramiento es una característica de los entierros de Los Mangales (Fowler, 1984).

La Misión Franco-guatemalteca en el oriente de Guatemala (Grignon 1988) descubrió en el sitio El Chaguite, Jalapa, un entierro multiple en la estructura 5 fechada hacia el Formativo Tardío. Algunos de los cuerpos presentaban mutilaciones de las manos, además de estar en posición decúbito ventral. Otros estuvieron decúbito dorsal y orientación norte-sur.

EL SALVADOR

El reciente trabajo de Amaroli (1987) en Cara Sucia, El Salvador, reporta el hallazgo de 65 entierros. Estos corresponden a dos períodos de ocupación. Once fueron asociados a la Fase Tacachol para el Formativo Tardío y 49 a la Fase Tamasha, correspondiente al Clásico Tardío, 5 entierros no pudieron determinarse a qué época pertenecían. Los entierros de la fase Tacachol, se caracterizan por la disposición del entierro extendido decúbito dorsal con los brazos paralelos al tronco del cuerpo. Sólo un entierro estaba extendido decúbito ventral el cual parece ser de la fase anterior. Las orientaciones de los entierros de la Fase Tacachol fueron algo rígidas, 7 individuos estaban orientados hacia el Norte, dos al sureste y uno al noroeste. Los entierros de esta fase fueron encontrados en grupos: "Entierros múltiples de esta índole pueden ser interpretados como gente emparentada que se iba sepultando en las inmediaciones de su vivienda a través de un período considerable de tiempo" (Amaroli, 1987:26).

Para la Fase Tamasha, se encontraron 49 entierros que parecen indicar una mayor actividad en el sitio. Dos de ellos flexionados fueron dedicatorios para la construcción de la Acrópolis y la estructura 10. Otros entierros estuvieron abajo de viviendas. El patrón de disposición del cuerpo fue flexionado, de decúbito lateral derecho, de decúbito dorsal, de decúbito lateral izquierdo y sedente. Hubo 2 entierros infantiles para esta fase, los que estaban dentro de cuencos en posición flexionada. Las ofrendas para las Fases Tacachol y Tamasha, parecen representar estratos comunes de la sociedad de Cara Sucia.

En marzo de 1987 se reportaron los entierros más antiguos para El Salvador, fechados para el Formativo Medio. Estos se ubicaron en Antiguo Cuscatlán al colocar tuberías para el agua. Un total de siete entierros fueron expuestos, aunque sólo dos en su totalidad. Estos estaban extendidos de decúbito ventral con sus brazos flexionados para que las manos quedaran sobre el área del púbis. Pertenecían a mujeres maduras y orientados hacia el Norte. (Amaroli, op. cit.)

En Chalchuapa, (Fowler 1984) hubo un montículo conteniendo entierros múltiples, que parecían corresponder a individuos sacrificados según la posición en que se encontraron. Estos entierros parecen haber sido dedicatorios a la construcción del montículo. En este lugar se encontraron 33 entierros de los cuales 27 estaban extendidos de decúbito ventral, dos estaban flexionados; 21 estaban orientados Este-Oeste con el cráneo en el oeste, cinco Norte-Sur. Casi no presentaron ofrendas, 13 estaban cubiertos con hematita, mientras que 12 parecían haber estado cubiertos con una manta o petate. Todos los entierros corresponden al Formativo Tardío. Otro entierro en Chalchuapa, fue el encontrado en el sitio de Laguna Seca correspondiendo al mismo período que los anteriores. La diferencia de este fue que tenían 13 vasijas como ofrendas y parece ser que correspondió a un individuo de una posición social alta. Debido a la mala conservación de los huesos no pudo determinarse orientación, posición u otro rasgo del individuo.

La posición flexionada fue común durante el período Clásico en El Salvador: en la estructura C3-4 de Chalchuapa aparece reportado uno para el Clásico Medio; para el Clásico Tardío hay referencias de entierros flexionados en Casa Blanca, Bolinas y Tazumal. En San Andrés, 2 entierros flexionados con la cabeza al Sureste y al Sur también correspondieron al Clásico Tardío. En esta misma época hubo entierros en urnas, algunos con tapaderas en los sitios La Caseta y Tazumal. (Amaroli, 1987)

Para el Clásico Terminal y Postclásico Temprano se aprecian dos patrones principales de enterramientos: extendidos dorsales que ocurren en contextos domésticos o depósitos especiales y flexionados que en algunos casos eran dedicatorios. La orientación de los entierros extendidos estaban en un eje noroeste-sureste y dos tenían la cabeza hacia el noroeste. En el Postclásico, en la estructura 6 de Tazumal se encontraron varios entierros intrusivos, los cuales estaban flexionados, posición que parece ser la más común en los sitios del occidente y centro de El Salvador para esta época (Amaroli, op. cit.).

OTROS SITIOS EN EL SUR DE MESOAMERICA

Aquí me limitaré a comparar la muestra de Balberta con otros sitios en Mesoamérica que hayan tenido una ocupación temporal paralela.

En las Tierras Bajas Mayas para el Formativo Tardío, los entierros son sencillos, y las cistas empiezan a aparecer. En ambos casos, casi la mitad son adultos de ambos sexos y la otra mitad niños o infantes. La posición flexionada predomina sobre la extendida y la orientación de la cabeza es hacía el Norte. Respecto a entierros elitistas, además de cerámica, aparece jade y concha. Durante el Clásico Temprano, casi desaparecen los entierros sencillos, hay más entierros en cistas y construcciones de tumbas y cámaras funerarias de élite. Las cámaras funerarias contienen a hombres y mujeres. La tendencia a la posición flexionada crece, pero los entierros más importantes en cámaras son generalmente extendidos con la cabeza al este, prácticamente todos tienen ofrendas asociadas, siendo particularmente ricos en cerámica, jade, concha y otros materiales.

Ya para el Clásico Tardío, casi todos están asociados con grandes tumbas y cistas, aunque hay algunos sencillos y en cámaras. La posición flexionada es común y algunos de los entierros en montículos de casa están flexionados. Aunque la cabeza esté en cualquier dirección, predominan las orientaciones al Norte. Las ofrendas son más ricas y abundantes que el período anterior. (Ruz, 1968).

En Belice, en el Distrito Cayo Sur, en los sitios Tzimin Kax, Cahal Cunil y Hatzac Ceel, los entierros del Formativo Tardío-Protoclásico están en chultunes y son posiblemente secundarios.

Barton Ramie es un sitio muy importante de considerar por tener un patrón funerario similar al de Balberta. Tiene la característica común que los entierros, en su mayoría, fueron encontrados en pequeños montículos y los enterramientos fueron de tipo sencillo; en algunos casos a través de pisos, rellenos y terrazas. Unicamente tomaré la información de las Fases Mount Hope (300AC-100DC), Floral Park (100-300DC) y

Hermitage (100-600DC) por ser las más relacionadas en tiempo a Balberta. (Willey, et. al., 1965)

Durante la Fase Mount Hope, sólo un entierro se encontró de un adulto, extendido decúbito ventral con el cráneo al sur. Asociado tenía 3 vasijas como ofrenda y 1 navaja de obsidiana. Además de este entierro, otros dos posiblemente, pero estaban bastante deteriorados, uno flexionado dorsal y el otro extendido ventral, el primero con la cabeza al norte y el último al sur. Durante la Fase Floral Park, sólo se conocen 2 entierros, ambos extendidos, decúbito ventral con la cabeza al sur y en tumbas muy burdas. Tenían ofrendas de cerámica, cuentas y adornos de concha y pendientes y cuentas de jadeita. Asociados a la Fase Hermitage, posiblemente se encontraron 8 entierros aunque solo pueden asegurarse 6. Uno estaba decúbito ventral con el cráneo en el sur y otro sedente con ofrendas de cerámica. Dos más estaban extendidos, decúbito ventral con la cabeza al sur y el otro extendido dorsal también con la cabeza al sur. Otro entierro, más tardío en esta fase, fue extendido decúbito ventral con el cráneo al sur. Es importante señalar que durante el Formativo Tardío al Clásico Temprano, se mantiene un patrón específico el cual continua después hasta el Clásico Tardío. El cambio se da entre las fases Jenney Creek-Barton Creek del Formativo donde los entierros estaban con el cráneo en el Norte para luego orientarlos con el cráneo al sur en las fases siguientes empezando con Mount Hope.

Es importante señalar la riqueza de las ofrendas de la Fase Floral Park. Durante la Fase Hermitage ya se encuentra otra modalidad que es la del individuo sentado, aunque también continúan los extendidos decúbito ventral. Las mutilaciones dentales en el sitio aparecen hasta el 600-700DC, Fase Tiger Run. (Willey, 1965)

En Copán, los entierros del Clásico Temprano son sencillos, extendidos decúbito dorsal generalmente, aunque uno estaba boca abajo con la cabeza en el oeste. Aquellos asociados a contextos de casa están flexionados. Durante el Formativo Tardío los entierros se encuentran en posición extendida en cistas bajo patios, cerca de cuartos y en montículos. Todos los entierros del Clásico Temprano están flexionados, a excepción de uno que está en posición sedente. No parece haber existido una norma para la orientación del cuerpo y en casi la mitad de las ofrendas, se encontró jade. (Ruz, 1968).

Cuando se tiene la información de entierros en otros sitios como se ha seleccionado anteriormente, podemos ver algunas similitudes entre algunos y el patrón de Balberta. Como ya hemos visto, es difícil encontrar un patrón funerario rígido en sitios en la Costa Pacífica, siendo únicos los ejemplos de Izapa y el oeste de San Marcos, donde se encuentra un patrón de enterramientos en urnas para todos los períodos. La tendencia a enterramientos multiples a finales del Formativo Medio y Formativo Tardío es de singular importancia al estudiar los entierros de Sin Cabezas, Kaminaljuyú, El Chaguite, Los Mangales y Chalchuapa. Se debe considerar la posibilidad de una tradición funeraria regional ritual de enterramientos multiples, posiblemente asociados a la construcción o dedicación de un edificio importante. También podríamos especular en cuanto a la posibilidad de una misma etnicidad y de allí la estabilidad en el patrón de enterramientos.

Podría ser que los sitios compartiendo en mismo patrón mortuorio tuvieron algún tipo de filiación entre ellos, ya fuera de tipo político o económico (intercambio), lo que haría que se presentaran patrones similares en los enterramientos y tuvieran ideologías religiosas muy parecidas.

A esta muestra de Sin Cabezas, Los Mangales, El Chaguite, Kaminaljuyú y Chalchuapa, debemos agregar los recientes descubrimientos en Antiguo Cuscatlán. Como se mencionara anteriormente, se encontraron enterramientos extendidos de decúbito ventral lo que vendría a afirmar aún más la filiación de grupos durante el Formativo Medio/Tardío en el área. También en La Victoria, en San Marcos, se encontró un entierro decúbito ventral para el Formativo Medio (fase Conchas), en Pampa el Pajón, Chiapas también, lo que podría relacionarse con una misma tradición de colocar en esa forma al individuo para este período.

Un detalle contrastante y determinante con el patrón funerario de la Costa Pacífica es el hecho de que en la mayoría de los sitios Clásico Tardío, los entierros se encontraron colocados en urnas. Esto debe tener un significado en cuanto a la concepción de la muerte ya que es un rasgo bien distribuído desde Chiapas hasta El Salvador, reflejando algún tipo de contacto entre los diferentes grupos ya que es bastante constante la distribución de entierros en urnas para este período. Tal cosa pudo deberse a una mayor evolución de los sistemas políticos y económicos de los sitios en la costa, asi como sus relaciones con otros en el altiplano, manteniendo un contacto y una misma tradición que posiblemente estuvo fundada en una misma religión. El hecho que desde el Formativo Temprano hasta el Clásico Temprano se de una diversidad de patrones mortuorios en la Costa, refleja los grados de interacción social existente para esos tiempos, sin embargo, la rigidez de enterramientos en urnas para el Clásico Tardío es impresionante si consideramos la extensión territorial que abarcó esa tradición.

Según lo planteado, no existen patrones similares al de Balberta en otro sitio en la Costa Pacífica, aunque creo que existen lugares con el mismo patrón que seguramente estuvieron relacionados con el sitio durante aquella época, sin duda hace falta investigar asentamientos contemporáneos para establecer si el patrón puede manifestarse a nível regional durante este tiempo y consecuentemente, conocer los límites del dominio de Balberta. Creo que el individuo enterrado en el sitio de Bonampak, La Gomera, puede ser un ejemplo de lo anterior ya que el mismo se encuentra separado pocos kilómetros de Balberta, aunque parece ser que éste individuo correspondió a un estrato social superior con respecto a los individuos encontrados en la periferia de Balberta, pues se encontró en un montículo del centro ceremonial, además de ser el único entierro Clásico Temprano que tiene una ofrenda de tradición foránea cerca de la zona de investigación.

El patrón funerario de Balberta, muestra relación con el de Barton Ramie, en el modo de colocar al individuo en posición extendida y decúbito ventral en contextos de casas. Sin embargo hay en un contraste en cuanto a la orientación de la cabeza, siendo en Barton Ramie Norte-Sur, mientras que en Balberta es rígidamente Este-Oeste. De los patrones apreciados con anterioridad, creo que ninguno es tan conservador y rígido como el de Balberta. En la mayoría de los casos hay tendencia a colocar al individuo de cierta manera, pero esta no es constante o uniforme.

Con relación a los entierros de Kaminaljuyú, es muy poco lo que puede hablarse en cuanto a comparación, pues sólo un grupo de contexto doméstico fue excavado reconfirmando lo aseverado sobre la rigidez del patrón en Balberta: pues vemos que en Kaminaljuyú aunque los enterramientos no son hechos simultaneamente, (Kirsh, 1973) pertenecen a un mismo período. Otro aspecto importante es el hecho que el cambio que sufre el patrón funerario elitista de Kaminaljuyú en el Clásico Temprano se debe posiblemente a la intrusión de un grupo extranjero, si bien no por conquista, talvés por poder económico que lo obliga a adoptar hasta parte de sus costumbres funerarias y religión. Este rasgo no ocurre en Balberta, aunque para el mismo tiempo del cambio de patrón en Kaminaljuyú, está ocupada manteniendo su patrón funerario independiente al de éste último sitio.

Esta es una tesis que apoya que no hubo intrusión o migración de un grupo mexicano a Balberta, ya que el patrón es firme y conservador desde el principio de su desarrollo, pareciéndo ser de índole local, permaneciendo desde el Formativo Terminal hasta el Clásico Temprano. Creo que el hecho que el patrón funerario de Balberta se mantenga durante la transición de estas dos épocas es determinante para ayudarnos a explicar y entender los fenómenos que se están dando en este tiempo en el sitio.

CAPITULO IV
DISCUSION Y CONCLUSIONES

A continuación se presentan las conclusiones derivadas del estudio del patrón funerario de Balberta. Estudiando aisladamente el patrón funerario, no puede llegar a conocerse específicamene el lugar que cada individuo ocupó dentro de la organización socioeconómica del sitio. Se puede saber aproximadamente a qué actividad se dedicó, y en base a ello, inferir a qué parte de la sociedad perteneció, faltando más información para conocer su posición social exacta. En este trabajo se hacen inferencias sobre la situación social de cada individuo, aunque estas deberán ser afirmadas o negadas cuando se integre toda la información del proyecto. Para conocer con exactitud las condiciones físicas y biológicas de la fuerza de trabajo, es necesario realizar estudios profundos de antropología física y análisis químicos.

En general, la tendencia fue realizar enterramientos directos y primarios, donde el individuo era colocado extendido ya fuera de decúbito dorsal o ventral y orientado este-oeste. La posición dorsal o ventral mostró relación directa con el sexo del individuo, las mujeres estaban de decúbito dorsal y los hombres de decúbito ventral. La orientación este-oeste estuvo relacionada con los puntos cardinales además de encontrarse entre los 260' y 290' Azimut. El cráneo descansaba en el lado oeste. El oeste es el lugar donde se pone el sol, al final del día, lo que se ha interpretado como el final de la luz o la vida y entonces colocando al individuo con la cabeza hacia ese punto cardinal, representa el final de su vida, pero a la vez el principio de su camino hacia "otra vida". Por esta orientación de los individuos, se aprecia la importancia del sol dentro de su idea de la muerte la cual está relacionada seguramente con la religión.

Claramente se puede hablar de la "otra vida" debido a que la mayoría de los entierros tenían ofrendas que los acompañaban. No se encontraron ofrendas de material orgánico, sin embargo no se debe descartar la posibilidad de que las haya habido, aunque no se conservaron. En casi todos los casos el individuo fue colocado en un pozo profundo, debajo de su casa. Este fenómeno se observó tanto en contextos elitistas como domésticos, relacionándose este rasgo más con el ritual de la muerte que con la posición social ocupada. La inversión de trabajo en abrir un pozo profundo, grande, del largo del individuo, refleja la importancia que la muerte tenía. Se puede interpretar este hecho como un respeto a la muerte ya que como la tradición fue enterrar a la gente en sus casas y las mismas continuaron siendo ocupadas, los miembros que seguirían viviendo en ellas, querían mantener al muerto cerca pero lejos posiblemente debido a motivos de salubridad. Especulando un poco, se puede pensar que fue debido a un tipo de organización familiar muy fuerte, pero tal cosa no puede ser comprobada hasta realizar estudios biológicos de la muestra.

La información asociada a los entierros, permitió conocer la cronología de los mismos y de ésta manera, colocarlos ya fuera en el Formativo Terminal o Clásico Temprano, que fue el lapso crucial en el que el proyecto enfocó su investigación. De esta forma se pudieron determinar cambios a través de estos períodos en la región, aunque el patrón funerario del sitio no se alteró desde el Formativo Terminal hasta el Clásico Temprano. El único cambio observado fue el incremento de ofrendas de manufactura local en el Clásico Temprano.

Muchos investigadores han mencionado la posibilidad de intrusiones de grupos extranjeros en Tiquisate y Kaminaljuyú, además de otros lugares en la Costa Pacífica, (ya fuera por comercio, conquista u otro) las intrusiones foráneas pudieron haber cambiado el patrón funerario o bien reflejar en él su presencia. Sin embargo, este fenómeno no ocurrió en Balberta. Si bien Balberta no estuvo aislado, la evidencia de contactos directos o indirectos con gente del altiplano de México (por la obsidiana verde de Pachuca), no fue determinante para que influenciaran en el patrón funerario del sitio.

El incremento de ofrendas en los entierros durante el Clásico Temprano, se da tanto en contextos domésticos como elitistas, lo que podría indicar una mejor situación económica para este período. Esto estaría sucediendo paralelo al surgimiento de Balberta como centro de importancia sociopolítica, lo que podría entenderse basado en el control económico de ciertos productos que estaban cultivando en el lugar y a través de ello el sitio tenía cierta hegemonía en la región. Uno de estos productos a cerca de los cuales aportan evidencia los entierros, es el algodón, debido a la presencia de malacates en algunos entierros. Podría ser que el algodón fuera sembrado y cosechado por una parte de la población bajo el control de miembros de la élite; y luego procesado, almacenado y distribuído por otro (s) grupo (s). De tal manera que el algodón sería un producto que podría salir de Balberta como bien de intercambio, crudo o procesado. En el caso de que ya estuviera procesado, el mismo se convertiría en un producto de comercio importante considerando la mano de obra que envolvería su trabajo. El sexo femenino se encuentra muy relacionado con esta actividad, pues los entierros con malacates, en su mayoría son de mujeres. Estos fueron instrumentos que siervieron para hilar y aún actualmente son usados por algunos grupos indígenas para hilar el algodón y la lana.

Las huellas de inserciones musculares en los huesos, son evidencia del uso de fuerza física realizada. En los miembros de la sociedad de Balberta, éstas incersiones son más evidentes en el grupo masculino, lo que podría interpretarse como que eran principalmente los hombres quienes se dedicaban al cultivo, cosecha y transporte de varios productos además del algodón. Esta última suposición está basada en las huellas de incersiones musculares en los huesos del cráneo, debidas a el uso del mecapal para transportar algún tipo de carga pesada.

Asi, se tiene un grupo gobernante y otro grupo con divisiones entre sí, pero el nível de las mismas no puede determinarse solamente con el estudio del patrón funerario. Lo que sí se puede asegurar, es una relación entre los pobladores de la periferia y los de Balberta Central. El hecho de que estuvieran compartiendo un mismo patrón funerario indica que pertenecían a una misma sociedad, además de considerar la corta distancia que separaba Balberta Central y la periferia.

De la muestra estudiada, el 15% son entierros en parejas, mientras que el 11% corresponden a un entierro múltiple. Así que un 26% del total de la muestra, tienden a enterrar a dos o tres individuos juntos. En el caso de las parejas, tal fenómeno puede deberse a enterramientos simultáneos, considerando el poco espacio que los separa, además de estar a una misma profundidad, lo que indica algún tipo de filiación entre ambos individuos. En un caso son hombre y mujer y en otro no se tiene seguridad del sexo de uno (aunque parece masculino), mientras otro es femenino. Esto podría indicar un parentesco similar al de esposo/esposa, lo cual no se puede concluir con seguridad debido a que no se conocen las relaciones de parentesco de aquella sociedad. El hecho de que los entierros hayan sido simultáneos, no quiere decir que la muerte de ambas personas lo haya sido. Posiblemente al morir un individuo, sacrificaban al otro para que lo acompañara en la "otra vida" como pareja. En el caso de los entierros múltiples, parece que 2 entierros, el 8 y 11 fueron sacrificados y dedicados al 13 pues este último se encontró en mejores condiciones, completo y debajo de los dos entierros mencionados.

Otro rasgo muy interesante de señalar son los entierros dedicatorios. Parece ser que la tradición funeraria incluyó el sacrificio ya fuera de un miembro de la élite o de otro grupo, para ser dedicado en honor a construcciones de edificios elitistas. La idea parece corresponder más con el sacrificio de una persona que no pertenecía a la élite (debido a la calidad de las ofrendas que le acompañaban). Uno se encontró en la base norte de la estructura 8 (entierro 19), situado en la plaza central de Balberta y el otro es en 591901 (entierro 15), un montículo al este del centro, que más bien parece responder a cierto tipo de filiación con la élite que a una vivienda común y corriente. Parece que estos entierros dedicatorios tuvieron relación con la construcción de los montículos ya que en los dos casos fueron enterrados sobre terreno estéril, en las bases norte y este. Lo anterior, conjuga con una práctica de sacrificios para acompañamiento o dedicación a la construcción de un edificio.

Se puede apreciar entonces, que el patrón funerario de Balberta es bastante rígido, mediante entierros en casas, en posición extendida dorsal o ventral y orientados hacia el oeste. Encontrar un patrón similar en la Costa Pacífica no fue posible después de buscar relaciones con otros sitios en

Chiapas y El Salvador. Sin embargo, a través de la comparación realizada, pudieron observarse ciertos rasgos compartidos por algunos sitios en diferentes épocas como se verá adelante.

Para el Formativo Medio parece haber existido una tendencia a colocar al individuo en posición extendida de decúbito ventral, como puede verse en sitios como Pampa el Pajón, Santa Rosa en Chiapas, La Victoria en San Marcos Guatemala y Antiguo Cuscatlán en El Salvador. Es importante señalar el entierro Chantuto en Chiapas reportado por Voorhies (1976), el cual, a pesar de ser mucho más temprano, tiene las mismas características de los anteriores. Asi parece que hubo una tradición con una extensión territorial amplia durante el Formativo Medio. El problema es que no se han encontrado entierros en los sitios tempranos por lo que carecemos de esta información para establecer la extensión de esta tradición.

Durante el Formativo Tardío en el área de Izapa y San Marcos, la tradición funeraria se dió en grandes urnas con ofrendas en su exterior. Esta tradición parece estar relacionada con Soconusco, pero en la parte guatemalteca, y todavía faltan más investigaciones para establecer su extensión. Puede observarse que en el Clásico Tardío todavía ocurren enterramientos en urna, con dimensiones diferentes, pero aún conservando un poco la tradición iniciada en el Formativo Tardío.

Durante el Formativo Tardío, debemos señalar los entierros de Sin Cabezas en Tiquisate, El Chaguite en Jalapa, y Chalchuapa en El Salvador. En los tres sitios se localizaron entierros múltiples, algunos sacrificados para un personaje principal, y/o dedicatorios a una construcción, como es el caso de Chalchuapa. Un entierro de las mismas características se encontró en Los Mangales, Salamá, pero fechado para el Formativo Medio. En Kaminaljuyú se encontraron entierros similares, o entierros de personajes importantes con acompañantes sacrificados, además de estar dentro de un montículo que fuera construído especialmente para funciones mortuorias. En general, y especulando, se podría decir de un grupo que habitó Izapa, San Marcos y sus alrededores, compartiendo una misma religión y un mismo sistema político durante el Formativo Tardío. Sin Cabezas, El Chaguite y Chalchuapa, talvés no compartían un mismo sistema político pero al menos tenían relación en cuanto a la ideología asociada a la muerte. Es posible que hayan pertenecido a un mismo grupo linguístico que se interrelacionó mediante actividades importantes como comercio, control de ciertos productos, o incluso, control político.

Entonces tenemos un vacío en lo que es el Formativo Terminal y Clásico Temprano, pues casi no se tiene información de entierros en sitios para éstas épocas. De los sitios estudiados, ninguno que pertenezca a estos períodos parecen compartir un patrón rígido, lo que refleja posiblemente la inestabilidad social que estaban viviendo.

Habiendo repasado varios sitios en la Costa Pacífica y otros de Mesoamérica, pudimos comprobar que un patrón igual al de Balberta, no ocurre en otro sitio durante el Formativo Terminal-Clásico Temprano a excepción de Barton Ramie donde la colocación y ubicación del individuo es igual que en Balberta con la única diferencia de estar orientados norte-sur y mantener esta tradición hasta después del Clásico Temprano. En base a la singularidad del patrón de Balberta se puede hablar de un grupo local, independiente que evoluciona según sus necesidades, hasta alcanzar hegemonía y posiblemente, control sobre ciertos productos durante el Clásico Temprano. Según parece, conservaron y practicaron un sistema de creencias original y un rasgo de la misma vino a ser la continuidad de una tradición funeraria tan rígida como la del Formativo Terminal.

En este trabajo, se da conocer el patrón funerario de Balberta, y el mismo permite inferir varios aspectos sobre la población del sitio. Se espera que este trabajo, llame la atención sobre la importancia de realizar futuros estudios sobre patrones funerarios, ya que los mismos son parte de un todo para ayudar a explicar la evolución de una sociedad. De mucha importancia es el hecho que se debe realizar más trabajo en el campo biológico para explicar aún con más detalle cómo era la población. Igualmente al llegar a determinar níveles de nutrición, se reflejaran otros aspectos como dieta, control de ciertos productos para consumo y/o intercambio entre la gente común y la élite, etc. Curiosamente, en esta muestra no pudo determinarse deformación cráneal, que fue una tradición en diferentes lugares del área y sólo tres entierros presentan mutilaciones dentales en la forma C-6 de la clasificación de Romero (1958), dos de ellos, correspondientes al Clásico Temprano. Un análisis formal de la antropología física ayuda a completar el estudio del individuo en sí, permitiendo comprender mejor el desarrollo y los límites que la sociedad alcanzó.

Este esfuerzo inicial de estudiar los patrones funerarios, puede ser un incentivo para otros investigadores que se interesen en estudiar la evolución cultural y los diferentes procesos sociales que se dan en diferentes regiones, de modo que si se estudian como una unidad, se comprenda mejor a los antiguos grupos establecidos en la región.

EVALUACION DENTAL
DR. WILLIAM R. BAKER
DR. LUIS R. ARCHILA
UNIVERSIDAD DE TEXAS EN SAN ANTONIO Y CEROMA (Guatemala)

El ápendice se hizo en base a la muestra de dos dientes de cada entierro, ya fuera un molar y un incisivo o lo que se tuviera disponible de cada uno. En algunos casos, se hizo con más de dos dientes como muestra.

Entierro 2
Premolar sin caries con atrición severa. Molar con atrición severa dentro de la cámara pulpar y la corona gastada.

Entierro 3
Incisivo central en proceso de erupción en un niño de 4 años. Molar primario mostrando abrasión severa en un niño de casi 12 años.

Entierro 4
Dos terceras molares, probablemente del maxilar superior, eruptadas y en función. Muestra severa a moderada atrición. Una con el ápice de la raíz abierto indicando su edad a mitad o finales de los 20 años. No tienen caries.

Entierro 7
Molar con atrición y sin caries. Incisivo de la maxilar inferior mostrando atrición severa y posible mordida borde a borde (posiblemente prognatismo mandibular leve. Caries en la raíz.

Entierro 10
Incisivo lateral primario, de niño cerca de los 2 años, sin caries. Molar primario de niño, cerca de los 2 años, sin caries.

Entierro 11
Primer molar permanente con abrasión y sin caries. Molar primario, sin caries.

Entierro 12
Masculino. Incisivo central izquierdo. Muy poco uso, la pigmentación que presenta parece flourosis pero pudo ser post-mortem. Molar izquierdo con atrición moderada (parece como que fuera de una persona distinta al del incisivo). No hay caries.

Entierro 13
Segundo molar con atrición severa. Caries de raíz distal o alguna demineralización de la corona cerca de la raíz. Incisivo central derecho, en pala con hipoplasia indicando algún proceso de enfermedad cerca de los 4 años. Exhibe la misma caries de raíz y demineralización que el molar.

Entierro 15
Canino primario con reabsorción fisiológica y caries bucal.

Entierro 15
 Canino primario con reabsorción fisiológica y caries bucal.

Entierro 16
 Molar con atrición y sin caries. Canino derecho con atrición. Hueso o barro endurecido adherido a la raíz del primer premolar derecho. Sin caries. Incisivo derecho central de un individuo masculino de 8 años. Decoloración naranja, sugiriendo fluorosis. La raíz todavía no está formada, sin caries. Molar primario, decolorado y sin caries.

Entierro 17:
 Corona del incisivo central del maxilar superior (raíz está fracturada). La corona ha sido mutilada a propósito con una muesca incisal mesial y una muesca incisal distal en cada uno, incluyendo un tercio de la orilla del incisivo. Un tercio de la mitad no está afectada. Molar del maxilar inferior con atrición y caries severa de la raíz. (la raíz mesial esta amputada).

Entierro 18
 Incisivo central del maxilar superior. Atrición severa, sin caries. Molar del maxilar inferior. Atrición leve, sin caries.

Entierro 19
 Incisivo primario con caries en la superficie bucal y lingual. Molar primario sin caries.

Entierro 20
 Molar del maxilar superior con atrición severa. Incisivo con caries lingual. Atrición. Una muesca en medio de la orilla del incisivo que no puede determinarse si fue deliberadamente hecha o no.

Entierro 22
 Incisivo, atrición severa y sin caries. Molar con atrición severa y sin caries.

Entierro 26
 Infante. Incisivo central primario del maxilar superior mostrando el principio de reabsorción de la raíz o el ápice no cerrado. Posible caries distal (no es seguro). Molar primario del maxilar inferior con las raíces no cerradas.

APENDICE II
LIC. OSWALDO CHINCHILLA
UNIVERSIDAD DE SAN CARLOS DE GUATEMALA

LIC. EDUARDO MORALES SANCHEZ
DIRECCION GENERAL DE ENERGIA NUCLEAR

INTRODUCCION

La base nutricional de la subsistencia humana es un aspecto importante para la comprensión de los sistemas de organización económica y social. Una herramienta de utilidad para la reconstrucción dietética es el estudio de la composición química de los restos óseos humanos, en particular el análisis de isótopos del carbono y el nitrógeno, y el análisis de elementos traza (1). El estroncio (Sr) es el elemento más utilizado para la reconstrucción dietética, por conocerse detalladamente su movimiento a lo largo de las cadenas alimenticias y su metabolismo en plantas y animales, y su análisis ha sido aplicado a la investigación paleonutricional, principalmente para el estudio de transformaciones dietéticas a lo largo del tiempo, y de diferencias relacionadas con el status (2,3,4,5,6). Usualmente se utiliza para su estudio la tasa Sr/1000Ca (mg de Sr/g de Calcio), que permite observar variaciones en la relación entre ambos elementos a lo largo de un proceso físico o biológico (7).

El organismo absorbe solamente una pequeña parte del total de Sr ingerido. Como resultado de un proceso de discriminación del elemento en relación al Ca, se absorbe preferencialmente este último a nivel intestinal, y se elimina preferencialmente el Sr a nivel renal. El elemento se encuentra depositado en su mayoría en el mineral óseo, donde su concentración es proporcional a la concentración en la dieta. Por otro lado, los tejidos blandos animales poseen cantidades extremadamente bajas de Sr, y al ser ingeridos por otro animal aportan cantidades mínimas del elemento (1,8,9).

Las plantas no poseen mecanismos de eliminación para elementos traza, por lo que todo el Sr absorbido por las raíces se acumula en los tejidos vegetales. Al ser ingerida, una planta contribuye una cantidad apreciable de Sr a la dieta del animal, lo que ocasiona que un animal hervíboro presente niveles de Sr óseo más elevados que un carnívoro. Los niveles en el ser humano deben situarse en un punto intermedio, acercándose a uno de los extremos de acuerdo a las proporciones de carne y vegetales en su dieta. La determinación de Sr puede, por tanto, utilizarse para diferenciar poblaciones humanas de acuerdo a las proporciones de carne y vegetales que conformaron su dieta (1).

Otras variables dietéticas pueden ejercer influencia sobre los niveles de Sr óseo. En particular, se ha demostrado que los moluscos acumulan el elemento en su carne, por lo que el consumo cotidiano de estos animales puede elevar significativamente los niveles de Sr en el ser humano (6). Existen además variables no dietéticas que afectan los niveles de Sr; las principales son el area geográfica, la edad y el sexo del individuo. La primera es particularmente importante, pues la cantidad de Sr que entra a las cadenas alimenticias depende de la cantidad disponible en suelos y aguas, lo que impide realizar comparaciones directas en restos procedentes de ambientes distintos. La edad es particularmente importante en el caso de los niños y adolescentes, en los que se ha demostrado una gran variabilidad fisiológica en cuanto al Sr. Respecto al sexo, se han reportado niveles más elevados en el sexo femenino, para lo que se ha propuesto como explicación la discriminación que sufre el Sr a favor del Ca en el paso de las barreras placentaria y mamaria, que produce niveles proporcionalmente más altos en mujeres (1). Finalmente, es necesario considerar el posible efecto de la descomposición del hueso durante el tiempo de enterramiento (transformación diagenética), que puede alterar los niveles del mismo como resultado de la interacción con el suelo circundante. Es recomendable evaluar los cambios ocurridos en la composición del hueso enterrado para interpretar correctamente los resultados del análisis químico (7,8).

La presente investigación representa un ensayo de aplicación del método del Sr a la investigación arqueológica en Guatemala. Se llevó a cabo un análisis de los restos óseos del sitio arqueológico de Balberta, Escuintla, excavados en 1986 y 1987 por el Proyecto Balberta, bajo la dirección del Dr. Frederick J. Bove (9). Como hipótesis, se propuso la existencia de cambios cuantitativos en los niveles de Sr entre los períodos Formativo Tardío y Clásico Temprano, que deben reflejar cambios en la dieta ocurridos durante esta transición. Los trabajos arqueológicos efectuados en Balberta y en otros sitios del area han revelado fuertes transformaciones durante esta época, que se manifiestan principalmente en el abandono o disminución del tamaño de muchos de los centros ocupados durante el Formativo Tardío. Se desconoce aún la naturaleza exacta de estas transformaciones, pero seguramente incluyeron cambios demográficos y económicos (10,11), factores que pudieron ejercer influencia sobre la nutrición de las poblaciones, como consecuencia de alteraciones en los sistemas de producción y en la disponibilidad o accesibilidad de las fuentes de alimentos. A diferencia de otros sitios, Balberta experimenta en esta época un gran auge, evidente en la erección, en un período corto de tiempo, de construcciones masivas en el centro del sitio.

Existe poca información acerca de los hábitos dietéticos prehispánicos en el area costera. Las fuentes escritas de la época de la conquista indican la explotación de una gran variedad de recursos incluyendo productos agrícolas tales como maíz, camote y frutas, animales silvestres tales como venados, conejos, e iguanas, y peces obtenidos en ríos y esteros (12,13). Se conoce solamente una mención de finales del siglo XVII en referencia al consumo de moluscos (14). En el caso particular de Balberta, no existe evidencia arqueológica de un uso extenso de esta fuente de alimento.

MATERIALES Y METODOS

De un total de 26 entierros excavados en Balberta, se analizaron solamente los de adultos, excluyéndose por este motivo un total de seis individuos. Se excluyó también el entierro 23, que corresponde al Clásico Tardío, y el entierro 6, del que no pudo obtenerse una muestra por su mal estado de conservación. En cada entierro, se obtuvieron muestras de aproximadamente 3 g del area diafiseal del fémur, excepto en tres casos en que este hueso no pudo identificarse en el entierro, en los que se obtuvo la muestra de otros huesos largos; en uno de ellos fue necesario tomar la muestra del hueso mandibular. Se removió toda la superficie del hueso que presentaba contaminación con tierra y consolidante, así como la superficie interna que presentaba hueso trabecular.

Se utilizó el método de Fluorescencia de Rayos X[1]. Para la determinación de Ca fue necesaria la elaboración de una curva de calibración con patrones de Carbonato de Calcio en un rango del 15 al 35% de concentración de Ca. La determinación de Sr se realizó por el método de Parámetros Fundamentales, que no requiere la utilización de patrones (15).
Las muestras fueron pulverizadas completamente utilizando un mortero de ágata. Las mediciones se llevaron a cabo en tabletas de menos de 0.5 mm de grosor, preparadas a partir de diluciones sólidas al 80 % del hueso pulverizado en H_3BO_3. Los resultados se corrigieron para el peso seco del hueso, determinado después de horneado durante una hora a 90'C.

Como control sobre los posibles cambios diagenéticos se aplicó al Sr una variación del método utilizado por Nelson y Sauer (16) para el Mn y el Zn. Se tomaron muestras de la tierra que se encontraba en el interior de los huesos largos en un total de doce entierros. Se determinó en ella la concentración de Sr, con el objeto de correlacionarla con la concentración en el hueso. La existencia de correlación se considera indicativa de intercambio del elemento desde el hueso hacia el suelo.

RESULTADOS Y DISCUSION

Los resultados obtenidos en las determinaciones de Sr, Ca, y Sr/1000Ca en huesos y tierra asociada se han resumido en la Tabla 1.

Se llevaron a cabo tres pruebas para evaluar la correlación entre el Sr de los huesos y el de la tierra asociada. Los resultados se presentan en la Tabla 2, donde se observa que no hay evidencia de pérdida de Sr desde el hueso hacia el suelo. Adicionalmente, las concentraciones de Sr en el suelo son mucho menores que en el hueso, por lo que no es de

---

[1] El sistema utilizado consistió en un Detector Sr/Li Canberra, un Amplificador 2020 Canberra, y un Analizador Multicanal S40 Canberra. Se utilizó una fuente radiactiva de ^{109}Cd (New England Nuclear) de 30 mCi.

esperar que haya ocurrido contaminación desde el suelo hacia el hueso.

Se aplicaron pruebas T para diferenciar las concentraciones de Sr y Sr/1000Ca por períodos y sexos. Las Figuras 1 y 2 representan gráficamente los rangos de distribución de valores para cada grupo. No fue posible llevar a cabo comparaciones que incluyeran al sexo femenino para el Clásico Temprano, por contarse con solamente un individuo en este grupo.

Para el Formativo Tardío, las pruebas T indican que no hay diferencia significativa entre los dos sexos, tanto para Sr como para Sr/1000Ca (probabilidades de 0.607 para Sr y 0.765 para Sr/1000Ca), por lo que se realizaron Analisis de Varianza de una entrada para Sr y Sr/1000Ca entre ambos períodos, sin tomar en cuenta el sexo (lo que permitió además utilizar los resultados obtenidos en los entierros 8, 18 y 22, que pertenecen a adultos de los que se desconoce el sexo). Los resultados revelan diferencias significativas en ambos parámetros, con probabilidades de 0.001 para Sr y 0.010 para Sr/1000Ca (Figuras 3 y 4).

Hay relativa homogeneidad en los porcentajes de Ca óseo (coeficiente de variación de 8.41%), en comparación con las concentraciones de Sr (Coeficiente de variación de 20.65%) y Sr/1000Ca (Coeficiente de Variación de 22.65%). Los trabajos de Lambert et al.(17) han indicado que en el hueso enterrado el Ca está sujeto a intercambio considerable con el suelo, por lo que sugieren que el uso de la tasa Sr/1000Ca es inapropiado para el análisis de huesos enterrados, debiendo utilizarse en su lugar los valores absolutos de Sr. El presente estudio reportó valores de Ca relativamente bajos, lo que posiblemente se deba a la pérdida del elemento en el suelo. Sin embargo, la homogeneidad de su distribución permitió que los valores de Sr/1000Ca se mantuvieran aproximadamente en el mismo rango de variabilidad de las concentraciones de Sr. Como consecuencia, el análisis estadístico reportó resultados similares, al utilizar cualquiera de estos dos parámetros. La diferencia más importante se registró en la prueba T para las concentraciones de Sr y la tasa Sr/1000Ca entre ambos períodos en el sexo masculino, donde se obtuvo una probabilidad alta (0.110) de ausencia de diferencia significativa entre ambos períodos para Sr/1000Ca, en tanto que la probabilidad obtenida con la concentración de Sr (0.039) cae dentro de límites aceptables para la comprobación de la hipótesis.

La ausencia de diferenciación en los niveles de Sr y Sr/1000Ca entre individuos masculinos y femeninos durante el Formativo Tardío está en desacuerdo con la explicación fisiológica de esta fuente de variabilidad. Sin embargo, algunas poblaciones analizadas en trabajos anteriores han reportado también ausencia de variación (18), en tanto que en otros grupos el dimorfismo sexual en cuanto al Sr óseo es marcado. El tamaño de la muestra en Balberta es demasiado pequeño para establecer correctamente si esto tiene algún significado relacionado con el comportamiento humano, en cuanto a la distribución diferencial de recursos alimenticios. Esto es especialmente evidente si se considera que las subpoblaciones para cada período y sexo vienen a reducirse a tamaños mínimos (e.g. cinco mujeres para el Formativo Tardío, y una para el Clásico Temprano).

La variación entre los dos períodos, sin tomar en cuenta el sexo, es significativa, y permite comprobar la hipótesis planteada al inicio: existe un cambio cuantitativo en el contenido de Sr y Sr/1000Ca entre el Formativo Tardío y el Clásico Temprano.

El Formativo Tardío muestra niveles significativamente más elevados de Sr (641.04 ± 37.54 ppm) y Sr/1000Ca (2.93 ± 0.27) que el Clásico Temprano (454.50 ± 92.98 ppm; Sr/1000Ca 2.17 ± 0.44). Nuevamente, el tamaño de la muestra impide establecer generalizaciones estadísticamente significativas a nivel de la población total. Sin embargo, esto puede tomarse como una indicación preliminar de la existencia de transformaciones en los hábitos dietéticos de la población durante la transición entre ambos períodos.

La variación temporal en los niveles de Sr óseo debe explicarse en función de los factores económicos y/o culturales que ejercieron influencia sobre la dieta de los habitantes de Balberta en ambos períodos. La ausencia de evidencia arqueológica relacionada con el consumo de moluscos en el area hace pensar que el factor determinante fue un aumento en la proporción de carne animal contenida en la dieta para el Clásico Temprano.

La construcción del centro de Balberta, con su rígido patrón de distribución de estructuras, y su clara delimitación por el muro (11), indica una elevada capacidad de organización por parte de los grupos dirigentes, que debieron ejercer un fuerte control sobre la población de sostén. Paralelamente debió ocurrir una elevación significativa de la capacidad de producción de alimentos, que permitió un aumento en la proporción de carne en la dieta, aún cuando probablemente un sector significativo de la población durante el Clásico Temprano no estaba dedicado a actividades de produccion u obtención de alimentos a tiempo completo, a juzgar por el volumen de trabajo que debió invertirse en las construcciones monumentales del centro del sitio.

La transformación dietética podría, sin embargo, explicarse también en términos de un cambio de orden cultural; la drástica transformación de los asentamientos y la arquitectura sugieren un fenómeno de este tipo. Es posible que haya existido una combinación de factores de origen económico y cultural.

El análisis preliminar de los huesos de animal obtenidos en las excavaciones de Balberta ha indicado la presencia de restos de perro (comunicación personal, F. Vásquez 1989), que deben tomarse en consideración como una fuente de carne, ampliamente utilizada en Mesoamérica en la época de la conquista y seguramente en períodos anteriores (19). La transformación dietética podría haber sido el resultado de una explotación más eficiente de los perros, y posiblemente de otros animales domésticos (e.g. aves), lo que padría ser una respuesta frente a una presión demográfica creciente, o bien podría explicarse como una transformación de orden cultural. Es necesario esperar un análisis completo del material óseo animal de Balberta para establecer conclusiones en este sentido.

No se planteó al inicio de la investigación el estudio de diferencias dietéticas relacionadas al status de los individuos enterrados, ya que solamente el ocupante del entierro 17 puede caracterizarse con seguridad como un individuo de status elevado, por su localización en la plataforma principal y por el número y calidad de ofrendas asociadas a él. El otro entierro adulto encontrado en la plataforma, el número 18, quizás correspondía a un individuo de élite, pero es un entierro secundario, y es posible que formara más bien parte de un conjunto de ofrendas que se encontraron en el area. Sin embargo, las determinaciones llevadas a cabo en estos individuos arrojaron los niveles de Sr y Sr/1000Ca más bajos, tanto dentro del Clásico Temprano, como en relación al total de la muestra. Si en efecto, la variabilidad en los niveles de Sr y Sr/1000Ca se debe a variaciones en la proporción de carne en la dieta, estos sujetos probablemente la consumieron en mayores proporciones que cualquier otro de los individuos representados. Esta inferencia no puede comprobarse estadísticamente, y debe quedar como un dato aislado, en espera de que análisis posteriores en muestras más representativas la confirmen. Un acceso preferencial a la carne por los individuos de alto status ha sido señalada para la Costa Sur de Guatemala en la época de la conquista por el texto de la Relación de Zapotitlán y Suchitepéquez, de 1579 (12):

"Los indios de baja suerte no les era permitido comer carne ni beber cacao sino que comían maíz y chile y frutas y hierbas y raíces, y ahora comen de todo, aunque son tan míseros los más que no salen de su ordinario antiguo si no es en lo de la carne" (p.73)

CONCLUSIONES

Los resultados del análisis de los restos óseos de Balberta han permitido la comprobación de la hipótesis de la investigación, aunque el tamaño reducido de la muestra limita las inferencias que pueden derivarse para el total de la población. Dentro de estas limitaciones, pueden establecerse las siguientes conclusiones:

1. Es poco probable que haya habido pérdida de Sr del hueso hacia el suelo, o contaminación del hueso con Sr procedente del suelo. Es posible que haya habido pérdida de Ca, pero ésta debió ocurrir en tasas constantes, proporcionalmente a la concentración original de Ca en el hueso, por lo que no es relevante para propósitos comparativos dentro de la misma muestra. En general, las pruebas estadísticas llevadas

a cabo utilizando los valores de Sr/1000Ca confirman los resultados obtenidos para la concentración de Sr.

2. No se reportó diferencia significativa entre individuos masculinos y femeninos en cuanto a la concentración de Sr óseo.

3. Existe una diferencia significativa en el contenido de Sr óseo entre los períodos Formativo Tardío y Clásico Temprano, que es más marcada si se agrupan los entierros sin diferenciación por sexos.

La diferencia en las concentraciones de Sr entre ambos períodos debe ser el resultado de un cambio en los hábitos dietéticos de los habitantes de Balberta, probablemente debida a un aumento en la proporción de carne consumida, y debe considerarse parte de un conjunto de cambios culturales y económicos que afectaron a la población del sitio durante esta transición. No es posible establecer con exactitud los mecanismos que la ocasionaron.

La muestra dió indicios de accesibilidad diferencial a la carne correlacionada con diferenciaciones de status, lo que ha sido señalado para el area costera por una referencia documental de inicios del período colonial. Al igual que la transformación en el tiempo, ello requiere de estudios ulteriores en muestras más amplias y más representativas de las poblaciones prehispánicas de la Costa Sur.

AGRADECIMIENTOS

La realización de este trabajo ha sido posible gracias a un convenio suscrito con la Dirección General de Energía Nuclear, que cubrió los gastos del análisis por Fluorescencia de Rayos X. Deseo expresar mi agradecimiento a dicha institución, y en particular al personal del Laboratorio de la Sección Industrial. Agradecemos también su amable ayuda a Brenda Lou, Bárbara Arroyo, y Jim Brady, y en particular al Arquitecto Carlos Mazariegos, quien facilitó el uso de su computadora para las varias fases de la redacción del documento.

REFERENCIAS

(1) Price TD, Schoeninger MJ, Armelagos GJ. Bone chemistry and past behavior: an overview. J Human Evol 1985;14:419-447.

(2) Brown A. Bone strontium content as a dietary indicator in human skeletal populations. Ann Arbor, Michigan: University Microfilms (Tesis Doctoral, Universidad de Michigan) 1973. vi+134 p.

(3) Szpunar CB. Atomic absorption analysis of archaeological remains: human ribs from Woodland mortuary sites. Ann Arbor, Michigan: University Microfilms (Tesis Doctoral, Northwestern University) 1977. xi+172 p.

(4)   Schoeninger MJ. Diet and status at Chalcatzingo: some empirical and technical aspects of strontium analysis. Am J Phys Anthrop 1979;51:295-310.

(5)   Sillen A. Strontium and diet at Hayonim Cave. Am J Phys Anthr 1981;56:131-138.

(6)   Schoeninger MJ. Diet and the evolution of modern human form in the Middle East. Am J Phys Anthr 1982;58:37-52.

(7)   Comar CL, Russell RS, Wasserman RH. Strontium-calcium movement from soil to man. Science 1957;126:485-492.

(8)   Underwood EJ. Trace elements in human and animal nutrition. New York: Academic Press, 1977. xiii + 302 pp.

(9)   Lengemann FW. Over-all aspects of calcium and strontium absorption. pp. 85-96. (En The transfer of calcium and strontium across biological membranes. Wassermann RH, ed). New York: Academic Press, 1963. xi + 430 pp.

(6)   Schoeninger MJ, Peebles CS. Effect of mollusc eating on human bone strontium levels. J Arch Sci 1981;8:391-397.

(7)   White EM, Hannus LA. Chemical weathering of bone in archaeological soils. Am Ant 1983;48:316-322.

(8)   Hanson DB, Buikstra JE. Histomorphological alteration in buried human bone from the Lower Illinois valley: implications for palaeodietary research. J Arch Sci 1987;14:549-563.

(9)   Arroyo B. Patrón funerario en Balberta, Escuintla; algunas comparaciones con otros sitios e inferencias sobre su organización social. Guatemala: Universidad de San Carlos (Tesis de Licenciatura, Escuela de Historia) 1987. 169 pp.

(10)   Bove FJ. La transición formativo-clásico en la Costa Sur. Manuscrito 1984. 17 pp.

(11)   Medrano S. Arquitectura de Balberta, Escuintla. Guatemala: Universidad de San Carlos (Tesis de Licenciatura, Escuela de Historia) 1988. 122 pp.

(12)   De Estrada J, De Niebla F. Descripción de la provincia de Zapotitlán y Suchitepéquez, año de 1579. An Soc Geog Hist Gua 1955;XXVIII:68-83.

(13)   De Pineda J. Descripción de la provincia de Guatemala. An Soc Geog Hist Gua 1925;I:327-363.

(14)   Fuentes y Guzmán FA.   Recordación Florida, tomo II.
        Guatemala: Sociedad de Geografía e Historia, 1933.   459
        pp.

(15)   Leyden DE.   Fundamentals of X-ray spectrometry as
        applied to energy dispersive techniques.   Tracor Xray,
        sin pie de imprenta.   83 pp.

(16)   Nelson DA, Sauer NJ.   An evaluation of postdepositional
        changes in the trace element content of human bone.
        Am Ant   1984;49:141-147.

(17)   Lambert JB, et al.   Analysis of soil associated with
        Woodland   burials.   pp.   97-113   (En   Archaeological
        Chemistry III. Lambert JB, ed).   Advances in Chemistry
        Series 205.   Washington: American Chemical Society,
        1984.   xii + 487 pp.

(18)   Lambert JB, Szpunar CB, Buikstra JE.   Chemical analysis
        of excavated human bone from middle and late Woodland
        sites.   Archaeometry 1979;21:115-129.

(19)   Wing E., Use of dogs for food: an adaptation to the
        coastal environment. pp. 29-41 (En Prehistoric Coastal
        Adaptations, B. Voorhies, ed).   New York: Academic
        Press 1978.

ANEXOS

TABLA 1:   RESULTADOS DEL ANALISIS DE Sr, Ca Y Sr/1000Ca EN
HUESOS Y TIERRA   (Numeración, Período y Sexo tomados de 9)

No.	Período[1]	Sexo[2]	Sr (ppm)	Ca (%)	Sr/1000Ca	Sr tierra (ppm)
1	FT	F	629.89	26.69	2.360	71.39[3]
2	FT	M	609.50	20.40	2.988	------
3	FT	F	591.29	20.88	2.832	58.83
4	FT	M	733.60	22.39	3.277	70.03
5	FT	F	636.85	20.48	3.110	112.48
7	FT	F	728.05	22.29	3.267	105.52
8	FT	?	547.01	24.33	2.248	------
9	FT/CT	M	744.29	19.55	3.807	------
10	FT	F	725.12	19.98	3.629	70.03[4]
11	FT	PREP[5]	464.69	20.72	2.243	146.00[3]
12	FT	M	580.00	23.69	2.449	------
13	FT	M	561.32	23.90	2.349	98.48
14	FT	PREP[5]	665.69	18.58	3.584	100.89
16	FT	M	605.59	21.68	2.794	88.36
17	CT	M	311.78	20.37	1.531	77.14
18[6]	CT	?	342.43	20.86	1.642	------
20[7]	CT	M	606.18	20.70	2.929	--------
21	CT	F	536.03	21.32	2.515	------
22	CT	?	488.33	21.03	2.323	------
23	C Tardío	F	512.62	23.56	2.176	72.025
25[8]	CT	M	442.27	21.44	2.063	------

[1] Clave: FT: Formativo Tardío;   CT: Clásico Temprano,

TABLA 2:   PRUEBAS DE CORRELACION DE LAS CONCENTRACIONES DE
SR EN   HUESOS Y TIERRA ASOCIADA

PRUEBA	COEFICIENTE DE CORRELACION	PROBABILIDAD DE AUSENCIA DE CORRELACION (PRUEBA T)
Lineal	0.057	0.868
Cuadrática	0.142	0.922
De Pearson	-0.057	

FIGURA 1

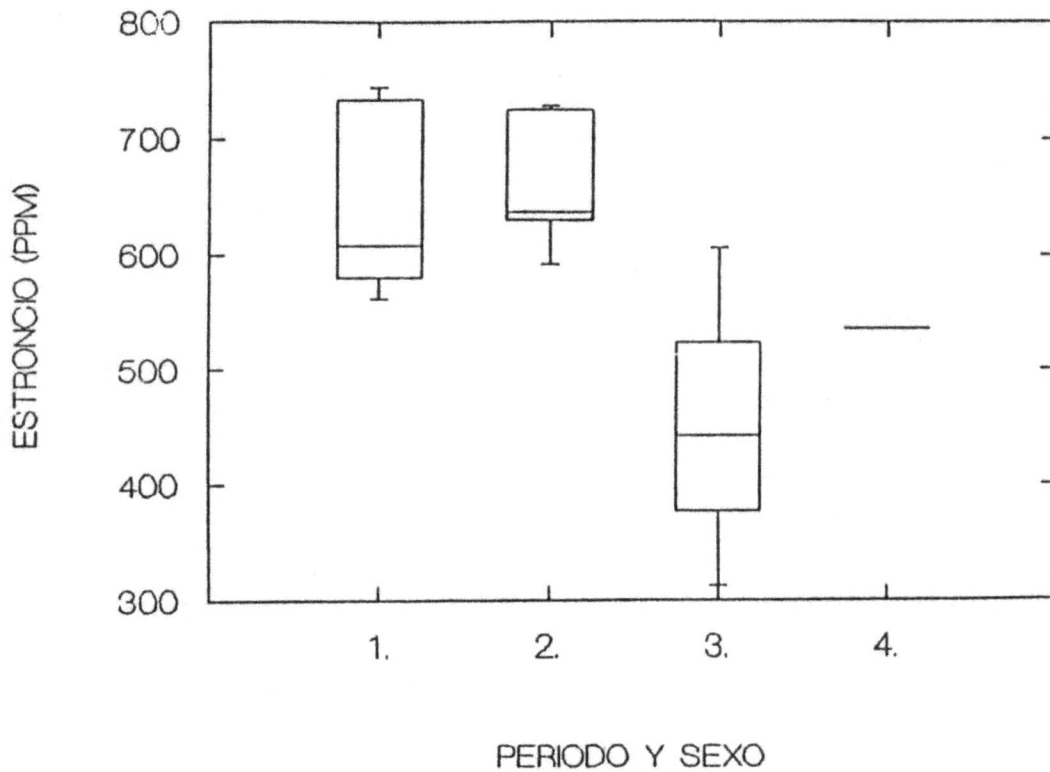

DISTRIBUCION DE ESTRONCIO POR PERIODO Y SEXO

Clave:

1. Período Formativo Tardío, Sexo Masculino
2. Período Formativo Tardío, Sexo Femenino
3. Período Clásico Temprano, Sexo Masculino
4. Período Clásico Temprano, Sexo Femenino

FIGURA 2

DISTRIBUCION DE SR/1000CA POR PERIODO Y SEXO

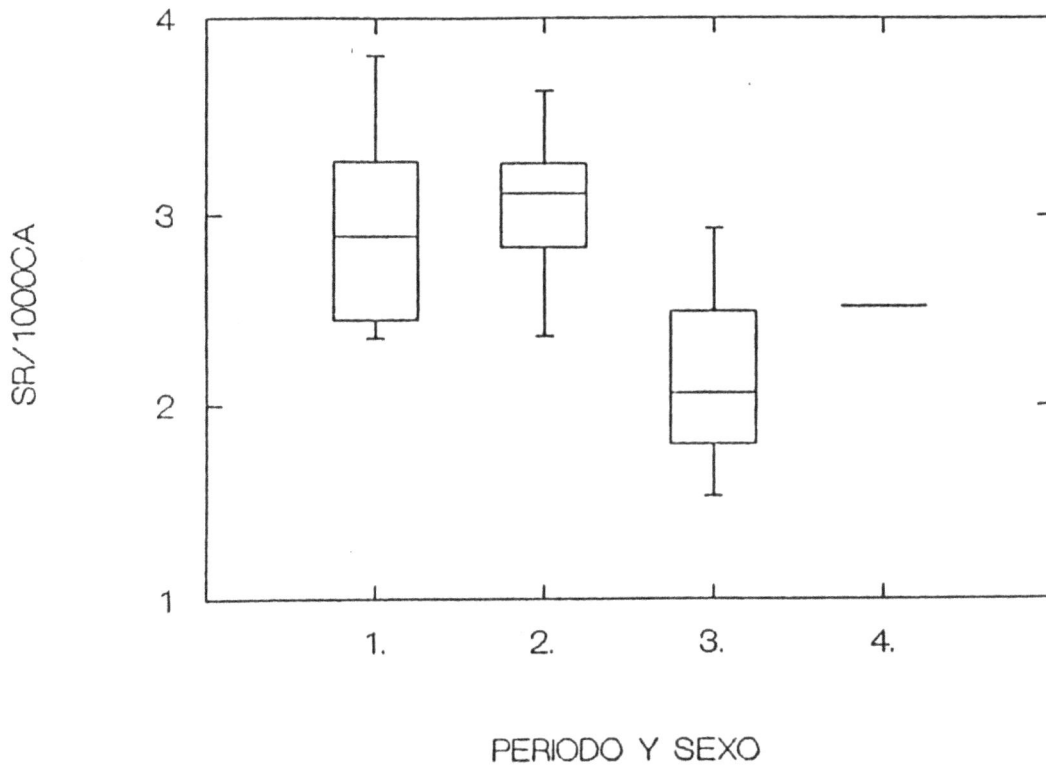

PERIODO Y SEXO

Clave:

1. Período Formativo Tardío, Sexo Masculino
2. Período Formativo Tardío, Sexo Femenino
3. Período Clásico Temprano, Sexo Masculino
4. Período Clásico Temprano, Sexo Femenino

FIGURA 3

DISTRIBUCION DE ESTRONCIO POR PERIODO

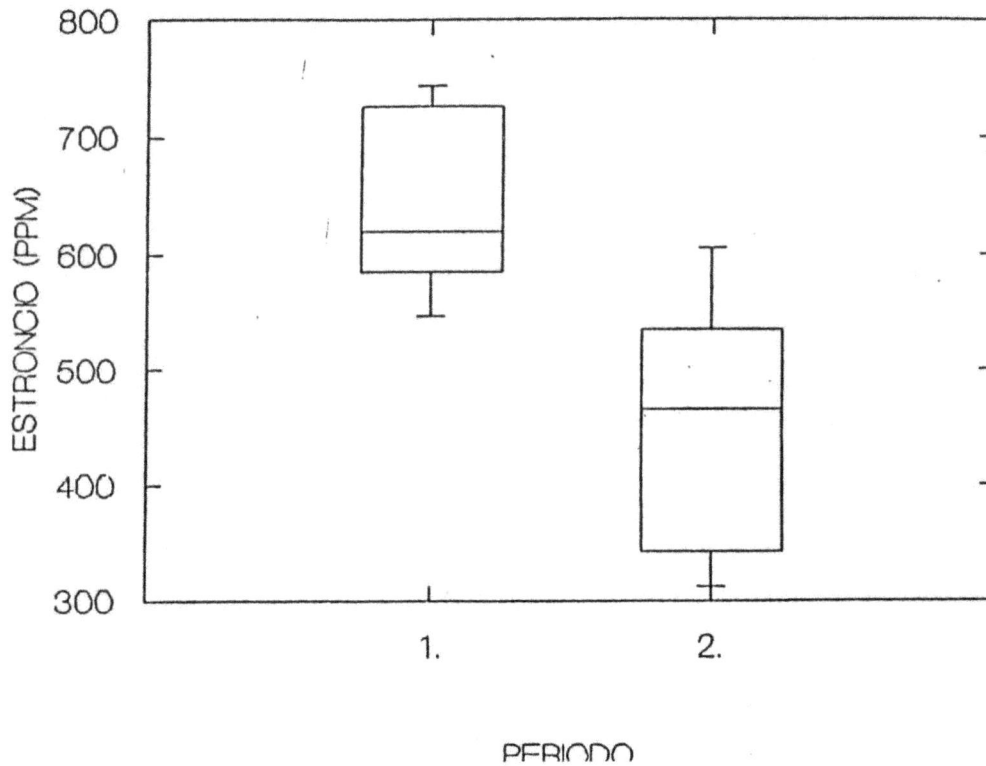

Clave:

1. Período Formativo Tardío
2. Período Clásico Temprano

FIGURA 4

DISTRIBUCION DE SR/1000CA POR PERIODO

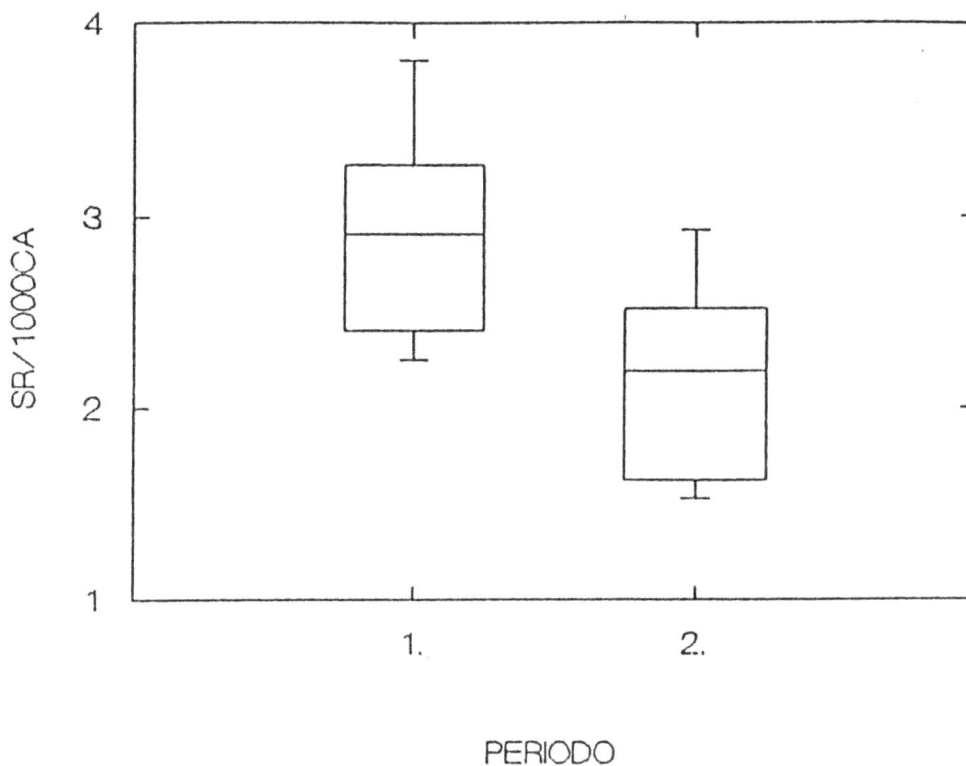

Clave:

1. Período Formativo Tardío
2. Período Clásico Temprano

RESUMEN

Se llevó a cabo un análisis de Estroncio en restos óseos humanos procedentes del sitio arqueológico de Balberta, Escuintla. A consecuencia de las características particulares del movimiento del estroncio a lo largo de las cadenas alimenticias, hasta su deposición en el hueso humano, el análisis de este elemento permite obtener información sobre los hábitos nutricionales de las poblaciones, en particular en cuanto a las proporciones de carne y vegetales que componen su dieta.

El objetivo principal de la investigación fue encontrar evidencia de cambios dietéticos a lo largo de la transición entre los períodos Formativo Tardío y Clásico Temprano (200-400 d.C.). Esta transición se caracteriza en la Costa Sur de Guatemala por una serie de transformaciones en el registro arqueológico, en particular cambios en los patrones de asentamiento.

Los resultados obtenidos, contrastados por medio de pruebas T y Análisis de Varianza, mostraron diferencias significativas en los niveles de estroncio óseo entre ambos períodos, lo que probablemente se deba a transformaciones dietéticas. La muestra reveló además indicios de diferencias dietéticas correlacionadas con el status de los individuos. Sin embargo, el tamaño de la muestra impide establecer generalizaciones estadísticamente significativas para la población total del sitio.

BIBLIOGRAFIA

Agrinier, P.
1970   Mound 20, Mirador, Chiapas, Mexico. Papers of the
New World Archaeological Foundation No. 28. Provo,
Utah.

Amaroli, P.E.
1987   "Los Entierros de Cara Sucia, El Salvador".
Manuscrito en Museo David J. Guzmán, San Salvador,
El Salvador.

Barnouw, V. (ed.)
1975   An Introduction to Anthropology. Dorsey Press,
Homewood, Illinois

Barrios, M.B.
1986   Plaza Sur, Mundo Perdido, Tikal: Correlación de
su Evolución Arquitectónica. Tesis de
licenciatura en Arqueología, Universidad de San
Carlos, septiembre, 1986.

Bartel, B.
1982   "A Historical Review of Ethnological and
Archaeological Analyses of Mortuary Practices".
Journal of Anthropological Archaeology. Vol.
1, No. 1. pp.32-58 Academic Press, Nueva York.

Bass, W. M.
1971   Human Osteology: A Laboratory and Field Manual
of the Human Skeleton. University of Missouri,
Missouri, Columbia.

Binford, L.R.
1972   "Mortuary Practices. Their study and their
potential". En An Archaeological Perspective,
ed. Seminar Press Inc. pp. 208-251 University of
New Mexico, Albuquerque, Nuevo México.

Bové, F. J.
1984   "La Transición Formativo-Clásico en la Costa Sur".
Manuscrito. Guatemala.

1985a   "Exploraciones arqueológicas recientes en la
región de Balberta: La costa sur de Guatemala".
Reporte preliminar de investigación presentado al
Instituto de Antropología e Historia, Guatemala.

1985b   "Proyecto arqueológico Tiquisate-Sipacate-La Gomera
(2da. parte)". En Perspectiva 6-7:78-84,
Universidad de San Carlos, Guatemala.

Brothwell, D.R.
1981   Digging Up Bones. British Museum, Cornell
University Press, 3era. edición.

Brown, J.A.
1971 Approaches to the social dimensions of mortuary practices. Memoirs of the Society for American Archaeology. No. 25., Washington, D. C.

1981 "The search for rank in prehistoric burials". En The Archaeology of Death, ed. R. Chapman, I. Kinnes y K. Randsborg. Cambridge University Press, Cambridge.

Brown, K. L.
1975 "The Valley of Guatemala: A highland port of trade". En Teotihuacan and Kaminaljuyú. Eds. W.T. Sanders y J.W. Michels pp.205-396, Monograph Series on Kaminaljuyu, The Pennsylvania State University Press.

Busby, C. I. y M. Johnson
1978 "The Abaj Takalik site map". En Contributions of the University of California. Publication No. 36, University of California, Dpt. of Anthropology, Berkeley.

Ceja, J. F.
1985 Paso de la Amada. An Early Preclassic Site in the Soconusco, Chiapas, Mexico. Papers of the New World Archaeological Foundation No. 49. Provo, Utah.

Clark, J.I.
1965 Population Geography. Oxford University Press, New York.

Coe, M. D.
1961 La Victoria. An Early Site on the Pacific Coast of Guatemala. Papers of the Peabody Museum of Archaeology and Ethnology. Vol. LIII. Cambridge.

Coe, M.D. & Flannery, K.V.
1967 Early Cultures and Human Ecology in South Coastal Guatemala. Publication of the Smithsonian Institution. Smithsonian Press, Washington.

Coe, W. R.
1959 Piedras Negras Archaeology: Artifacts, Caches and Burials. Museum Monographs, Published by the University Museum, University of Pennsylvania, Filadelfia.

Delgado, A.
1965 Archaeological Research at Santa Rosa, Chiapas and in the Region of Tehuantepec. Papers of the New World Archaeological Foundation No. 13. Provo, Utah.

Demarest, A. A. y Fowler, W. R. Jr.
1984   "Proyecto El Mirador de la Harvard University,
        1982-1983". Mesoamérica, año 5, cuaderno 7
        pp.138-151 Antigua, Guatemala.

Colby, S.
1986   Skeletal Remains from Sin Cabezas, Tiquisate.
        Manuscrito, Anthropology Department, University
        of California, Los Angeles.

Genovés, S.
1967   "Proportionality of the long-bones and their
        relation to stature among Mesoamericans".
        Americal Journal of Physical Anthropology.,
        26:67-78, Washington, D. C.

1970   "Antropometry of Late Prehistoric Remains".
        Handbook of Middle American Indians, vol. 9, ed.
        por R. Wauchope y T. D. Stewart, University of
        Texas Press, Austin.

Gilbert, M. B.
1980   "Physical Anthropology - The Mi Cielo Sample. The
        1977 Field Season". En Excavations in Southeastern
        Guatemala 1976-1978. Miscellaneous Publications
        in Anthropology No. 9. Ed. por L. H. Feldman y G.
        R. Walters. University of Missouri, Columbia.

Green, D. F. & Lowe, G. W
1967   Altamira and Padre Piedra. Early Preclassic Sites
        in Chiapas, Mexico. Papers of the New World
        Archaeological Foundation No. 20 Publication No.
        15. Provo, Utah.

Grignon, R.
1988   Excavaciones en El Chaguite, Jalapa. Ponencia
        presentada en el II Simposio de Arqueología
        Guatemalteca. Museo Nacional de Arqueología,
        Guatemala. Julio 1988.

Hammond, P. (ed.)
1964   Physical anthropology and archaeology: selected
        readings. The Macmillan Company, Nueva York.

Hertz, R.
1960   Death and the righ hand, traducido al inglés por
        Rodney y Claudia Needham. Free Press. Glencoe,
        Illinois.

Howells, W. W.
1960   "Estimating Population numbers through
        archaeological and skeletal remains". En The
        Application of quantitative methods in
        Archaeology, ed. by R. F. Heizer and S. F. Cook.
        Viking Fund Publications in Anthropology.

Johnson, I. W.
1971   "Basketery and Textiles". En Handbook of Middle
            American Indians Vol. 10, Eds. Gordon F. Ekholme
            e Ignacio Bernal. pp.297-321 University of Texas
            Press, Austin.

Kroeber, A. L.
1927   "Disposal of the dead". American Anthropologist
            No. 29 pp. 308-315

Kidder, A. V., Jennings, J. D. & Shook, E. M
1946   Excavations at Kaminaljuyu. Monograph Series on
            Kaminaljuyu, Publ. 561. The Pennsylvania State
            University Press.

Kirsch, R.
1973   "Mound A-VI-6: A Terminal Formative burial site
            and early postclassic house platform".   The
            Pennsylvania State University Kaminaljuyu Project:
            1969, 1970 season, Part I -Mound Excavations, pp.
            297-390. Ed. por J. Michels y W.T. Sanders. En
            Occasional Papers in Anthropology, No. 9.
            University Park, Pennsylvania.

Lowe, G. W.
1962   Mound 5 and Minor Excavations, Chiapa de Corzo,
            Chiapas, Mexico.   Papers of the New World
            Archaeological Foundation No. 12. Publication No.
            8. Provo, Utah.

Lowe, G. W., Lee, T. A. & Martinez, E.
1982   Izapa: An Introduction to the Ruins and
            Monuments. Papers of the New World Archaeological
            Foundation No. 31. Provo, Utah.

Lumbreras, L.
1974   La arqueología como ciencia social. Ed. Librería
            Allende, México, D. F.

Marcus, J.
1978   Review of Kaminaljuyu Project - 1969, 1970 Seasons
            -Part I, Mound Excavations, by Joseph Michels and
            William T. Sanders.   American Antiquity No.
            43:129-130.

Medrano, S. y Arroyo, B.
1987   "Reconocimiento Arqueológico del Parcelamiento El
            Pilar." Ponencia presentada en el IV Simposio de
            Arqueología Hondureña, La Ceiba, Honduras. Junio
            de 1987.

Miles, D.
1965   "Socio-economic aspects of secondary burial".
            Oceania No. 35 pp. 161-174

Morales, M.
  1987   "Chalcatzingo Burials as Indicators of Social Ranking". En Ancient Chalcatzingo, Ed. por David C. Grove, University of Texas Press, Austin.

Pailles, M.
  1980   Pampa el Pajón, An Early Estuarine Site, Chiapas, Mexico. Papers of the New World Archaeological Foundation No. 44. Provo, Utah.

Parsons, L. A.
  1969   Bilbao, Guatemala. Vol 2, Publications in Anthropology No. 12. Milwaukee Public Museum.

Rathje, W. L.
  1970   "Socio-political implications of lowland Maya burials: Methodology and tentative hypothesis". World Archaeology, Vol. 1 No. 3 pp. 359-374

Román, O.R.
  1989   Hallazgos arqueológicos en el Montículo B-IV-2 de Kaminaljuyú. Ponencia presentada en el III Simposio de Arqueología Guatemalteca. Museo Nacional de Arqueología, Guatemala. Julio 1989.

Romano, A.
  1978   "Sistemas de Enterramientos". En Antropología Física Epoca Prehispánica. México: Panorama Histórico Cultural. Instituto Nacional de Antropología e Historia, México, D.F.

Romero, J.
  1958   "Mutilaciones dentarias prehispánicas de México y América en general". Serie de investigaciones No. 3. Instituto Nacional de Antropología e Historia, México.

  1960   "Ultimos hallazgos de mutilaciones dentarias en México". Anales, 1959, Vol. XII. INAH, México.

Ruz Lhuillier, A.
  1968   Costumbres Funerarias de los Antiguos Mayas. Universidad Nacional Autónoma de México, Seminario de Cultura Maya. México.

Saul, F. P.
  1973   "Disease in the Maya Area: The Precolumbian Evidence". En Classic Maya Collapse, ed. por T. Patrick Culbert. A School American Research Book. University of New Mexico Press, Albuquerque.

Saxe, A. A.
  1971   "Social Dimensions of Mortuary Practices in a Mesolithic Population from Halfa, Sudan." En Approaches to Social Dimension of Mortuary Practices. Ed. por James A. Brown. Memoirs of the Society for American Archaeology No. 25.

Sheets, P. D.
   1976   "The Terminal Preclassic Lithic Industry of the
             Southeast Maya Highlands: A component of the
             Protoclassic site-unit intrusions in the
             lowlands?" en <u>Maya Lithic Studies</u>. Papers from
             the 1976 Belize Field Symposium, ed. por T. R.
             Hester y N.   Hammond. Center for Archaeological
             Research, The University of Texas, San Antonio,
             Special reports no. 4.

Shook, E. M.
   1973   "Archaeological Survey of the Pacific Coast of
             Guatemala".   En <u>Handbook of Middle American
             Indians,</u> vol. 2. Ed. por Gordon Willey. pp. 180-
             194 University of Texas Press, Austin.

Shook, E. M. & Hatch, M. P.
   1978   "The Ruins of El Balsamo". <u>Journal of New World
             Archaeology,</u> Vol.III, No. 1.   Institute of
             Archaeology, University of California, Los
             Angeles.

Smith, L. A.
   1950   <u>Uaxactun, Guatemala: Excavations of 1931-1937.</u>
             Publication No. 588.   Carnegie Institution of
             Washington, Washington, D. C.

   1972   <u>Excavations   at   Altar   de   Sacrificios.
             Architecture, Settlement, Burials and Caches.</u>
             Papers of the Peabody Museum of Archaeology and
             Ethnology. Harvard University, Vol. 62, No. 2.
             Cambridge.

Stenholm, N. A.
   1979   "Identification of House Structures in Mayan
             Archaeology: A Case Study at Kaminaljuyu". En
             <u>Settlement Pattern Excavations at Kaminaljuyu,
             Guatemala.</u> Ed. by J. Michels, The Pennsylvania
             State University Press, Monograph Series on
             Kaminaljuyu.

Stuart, G.
   1969   "Unearthing a jumbled puzzle of prehistory in
             Guatemala".   En <u>Discovering Man's Past in the
             Americas,</u>   National   Geographic   Society.
             Washington, D.C.

Tainter, J. A.
   1978   "Mortuary Practices and the Study of Prehistoric
             Social Systems" En <u>Advances in Archaeological
             Method and Theory,</u> Ed. by M. B. Schiffer, vol.1
             Academic Press, Nueva York.

Van Gennep, A.
   1960   <u>The rites of passage.</u>   University of Chicago
             Press. Chicago.

Velásquez, J.L.
  1989   Un entierro múltiple dedicatorio a fines del
            Preclásico Medio en Kaminaljuyú. Ponencia
            presentada en el III Simposio de Arqueología
            Guatemalteca. Museo Nacional de Arqueología,
            Guatemala. Julio 1989.

Voorhies, B.
  1976   The Chantuto People: An Archaic Period Society
            of the Chiapas Littoral, Mexico. Papers of the
            New World Archaeological Foundation. Provo, Utah,

Wauchope, R.
  1975   Zacualpa, El Quiche, Guatemala. An Ancient
            Provincial Center of the Highland Maya. Pub. No.
            39 Middle American Research Institute. Tulane
            University, New Orleans, Louisiana.

Weeks, J. M.
  1983   Chisalin, A late post-classic Maya Settlement in
            Highland Guatemala. BAR International Series No.
            169. Oxford, Inglaterra.

Willey, G. R., Bullard W.R.Jr., Glass, J.B. & Gifford J.C.
  1965   Prehistoric Settlement in the Belize Valley.
            Papers of the Peabody Museum of Archaeology and
            Ethnology. Harvard University Vol. LIV.
            Cambridge.

TABLA 1
EDAD, SEXO, ESTATURA Y EPOCA

ENTIERRO número	EDAD	SEXO	ESTATURA insitu/	Genovés/	Trotter &Gleser	EPOCA
1	adulto	F	1.25mt	--	--	F.Terminal
2	a.m.	M	1.52	1.52	1.63	F.Terminal
3	a.j.	F	1.65	1.42	1.52	F.Terminal
4	a.j.	M	1.45	1.52	1.61	F.Terminal
5	adulto	F	1.40	1.38	1.47	F.Terminal
6	?	?	-	-	-	F.Terminal
7	a.m.	F	1.68	1.54	1.63	F.Terminal
8	a.j.	?	-	1.47	1.55	F.Terminal
9	a.j.	M	1.71	1.55	1.60	F.T./C.T.
10	a.m.	F	1.51	1.42	1.47	F.Terminal
11	p.p.	?	-	1.54	1.70	F.Terminal
12	a.j.	M	1.54	1.58	1.63	F.Terminal
13	a.m.	M	1.73	1.61	1.67	F.Terminal
14	p.p.	?	1.53	-	-	F.Terminal
15	p.p.	?	-	-	-	F.Terminal
16	a.j.	M	-	1.60	1.66	F.Terminal
17	adulto	M	1.52	-	1.52	C.Temprano
18	adulto	?	-	-	-	C.Temprano
19	niño	?	.74	-	-	C.Temprano
20	a.m.	M	-	-	-	C.Temprano
21	adulto	F?	-	-	--	C.Temprano
22	adulto	?	-	-	-	C.Temprano
23	adulto	F	-	1.32	-	C.Tardío
24	niño	?	-	-	-	C.Temprano
25	a.m.	M	-	1.63	1.68	C.Temprano
26	niño	?	.68	-	-	C.Temprano

Niño: 0-7 años
Prepubertad (p.p.) o subadulto: 8-19 años
Adulto joven (a.j.): 20-39 años
Adulto maduro (a.m.): 40 y más años
 ? ó -: indeterminado

F.Terminal (F.T.): Formativo Terminal
C.Temprano (C.T.): Clásico Temprano
C.Tardío: Clásico Tardío

TABLA 2
POSICION Y ORIENTACION

ENT. #	POSICION	SOBRE ESTERIL	ORIENTACION	AZIMUT	CRANEO
1	E	no	Este-Oeste	293°	Oeste
2	ECV	si	Este-Oeste	264°	Oeste
3	ECD	si	Este-Oeste	280°	Oeste
4	ECV	si	Este-Oeste	285°	Oeste
5	ECD	no	Este-Oeste	270°	Oeste
6	–	no	–	–	–
7	ECD	si	Este-Oeste	277°	Oeste
8	E	no	Este-Oeste	280°	Oeste
9	ECV	si	Este-Oeste	285°	Oeste
10	E	si	Norte-Sur	5°	Sur
11	ECD?	no	Este-Oeste	280°	Oeste
12	ECV	si	Este-Oeste	–	Oeste
13	ECD	si	Este-Oeste	282°	Oeste
14	FCL	si?	Este-Oeste	–	Oeste
15	?	–	Este-Oeste	–	–
16	ECV	–	Este-Oeste	293.5°	Oeste
17	ECD	no	Este-Oeste	292°	Oeste
18	U	no	–	–	–
19	ECD	si	Norte-Sur	305°	Norte
20	ECD	si	Este-Oeste	–	Oeste
21	E	no	Este-Oeste	270°	Oeste
22	ECD	no	Este-Oeste	280°	Oeste
23	B	si	–	45°	–
24	U	si	–	–	–
25	ECV	no	Este-Oeste	215°	Oeste
26	ECV	no	Este-Oeste	250°	Oeste

E: extendido
ECV: extendido decúbito ventral
ECD: extendido decúbito dorsal
FCL: flexionado decúbito lateral
U: en urna o vasija
B: amortajado en bulto
? –: no pudo determinarse

TABLA 3

ENTIERRO NO.	EPOCA	APLICACION PIGMENTO	OFRENDAS
1	F. Terminal	no	malacates, jade, mano de metate
2	F. Terminal	si	cuenco negro inciso
3	F. Terminal	si	comales, cuenco, jade
4	F. Terminal	si	cuenco negro
5	F. Terminal	no	malacate, jade, mano metate
6	F. Terminal	no	cuenco negro
7	F. Terminal	si	soporte mamiforme
8,11,13	F. Terminal	si	vasijas Usulutan, figurita, vaso negro, metate, cuenta de jade
9	F. Terminal	si	plato negro
10	F. Terminal	no	navaja obsidiana sin uso, mandíbula de niño de 2 años
12	F. Terminal	si	cuenco, malacate, jade, orejera
14	F. Terminal	no	cuenco bien usado
15	F. Terminal	–	59 piedras
16	F. Terminal	si	navaja de obsidiana, 3 huesos de animal trabajados
17	C. Temprano	si	2 comales, cuenco, vaso y disco de cerámica
18	C. Temprano	no	1 fragmento de punta de proyectil de obsidiana verde, punta de lanza de obsidiana, malacate, cuenco y varias orejeras fragmentadas
19	C. Temprano	si	5 cuentas de hueso
20	C. Temprano	no	2 cuencos negros, cuenta de jade, fragmento de malacate y piedra
21	C. Temprano	si	4 cuencos completos y fragmento de cuenco
22	C. Temprano	si	2 cuencos, mano piedra, cuenta de jade
23	C. Tardío	si	fragmento de cuenco
24	C. Temprano	si	ninguna
25	C. Temprano	si	8 cuencos, mano de piedra, pendiente de piedra verde
26	C. Temprano	si	ninguna

TABLA 4
RELACION POSICION DEL ENTIERRO Y SEXO

NO. ENTIERRO	POSICION	SEXO
1	E	Femenino
2	ECV	Masculino
3	ECD	Femenino
4	ECV	Masculino
5	ECD	Femenino
6	-	-
7	ECD	Femenino
8	E	?
9	ECV	Masculino
10	E	Femenino
11	ECD?	?
12	ECV	Masculino
13	ECD	Masculino
14	FCL	?
15	?	?
16	ECV	Masculino
17	ECD	Masculino
18	U	?
19	ECD	?
20	ECD	Masculino
21	E	?
22	ECD	?
23	B	Femenino
24	U	?
25	ECV	Masculino
26	ECV	?

E:	extendido
ECV:	extendido de decúbito ventral
ECD:	extendido de decúbito dorsal
FCL:	flexionado de decúbito lateral
U:	en urna o vasija
B:	amortajado en bulto
?:	no se pudo determinar
-:	no hubo suficiente evidencia

89

TABLA 5

TABLA DE RESUMEN DE EDAD Y SEXO DE UNA POBLACION
TOTAL DE 25*

ADULTO MADURO		ADULTO JOVEN		SUBADULTO		NIño**	INDETERMINADO	
Ent. #	Sexo	Ent. #	Sexo	Ent.#	Sexo	Ent.#	Ent.#	Sexo
2	M	3	F	11	?	19	1	F?
7	F	4	M	14	?	24	5	F
10	F	8	?	15	?	26	17	M
13	M	9	M				18	?
20	M	12	M				21	F?
25	M	16	M				22	?
							23	F
TOTAL	6		6		3	3		7
masculino	4	16%	4	16%	-	-	1	4 %
femenino	2	8%	1	4%	-	-	4	16%
?	-		1	4%	3 12%	3 12%	2	8%

* No incluye entierro 6
** El sexo de niño no se puede determinar

TABLA 6

ASOCIACION DE SEXO Y GRUPOS DE EDAD

	ADULTO MADURO	ADULTO JOVEN	SUBADULTO	NIño	NO NIño	TOTAL GRUPOS	%
Masculino	4	4	0	0	1	9	36
Femenino	2	1	0	0	4	7	28
Sexo?	0	1	3	3	2	9	36
TOTAL	6	6	3	3	7	25	100

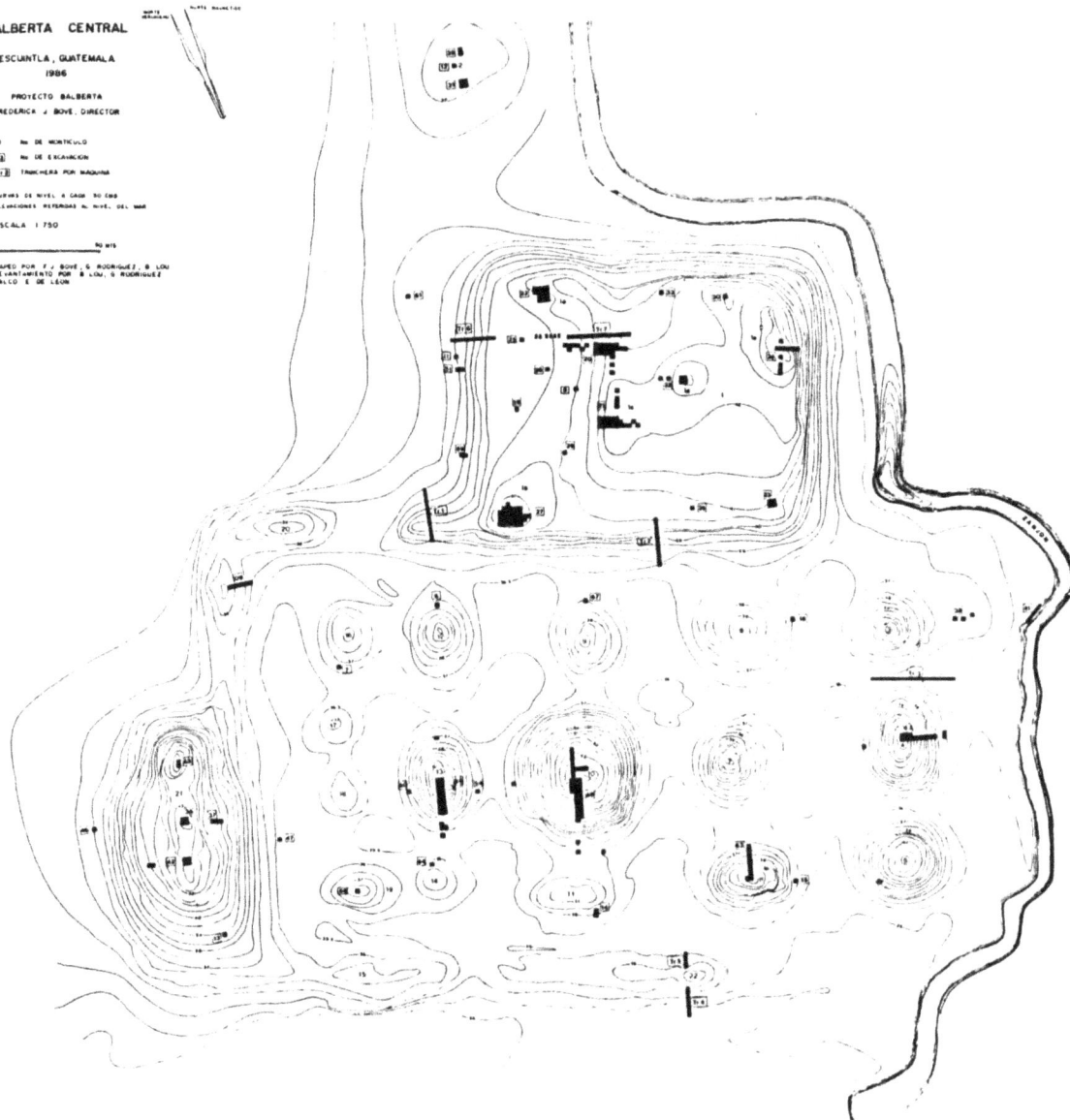

FIGURA 1

FINCA SANTA RITA LOS AMATES

MONTICULOS CON ENTIERROS EN LA BRECHA NORTE

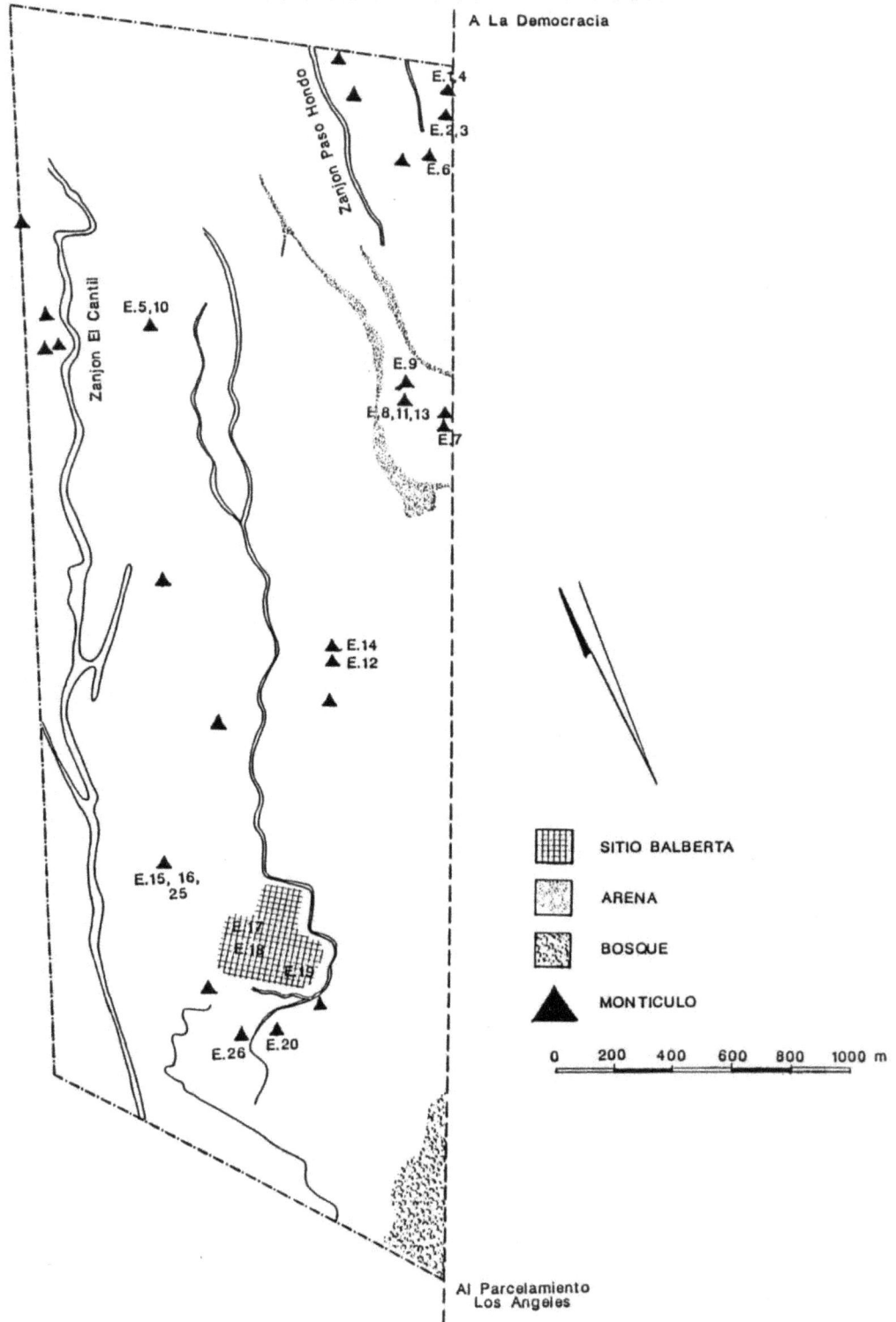

A La Democracia

E.1,4

E.2,3

E.6

Zanjon Paso Hondo

Zanjon El Cantil

E.5,10

E.9

E.8,11,13

E.7

E.14

E.12

E.15, 16, 25

E.17

E.18

E.19

E.26   E.20

SITIO BALBERTA

ARENA

BOSQUE

MONTICULO

0   200   400   600   800   1000 m

Al Parcelamiento
Los Angeles

FIGURA 2

92

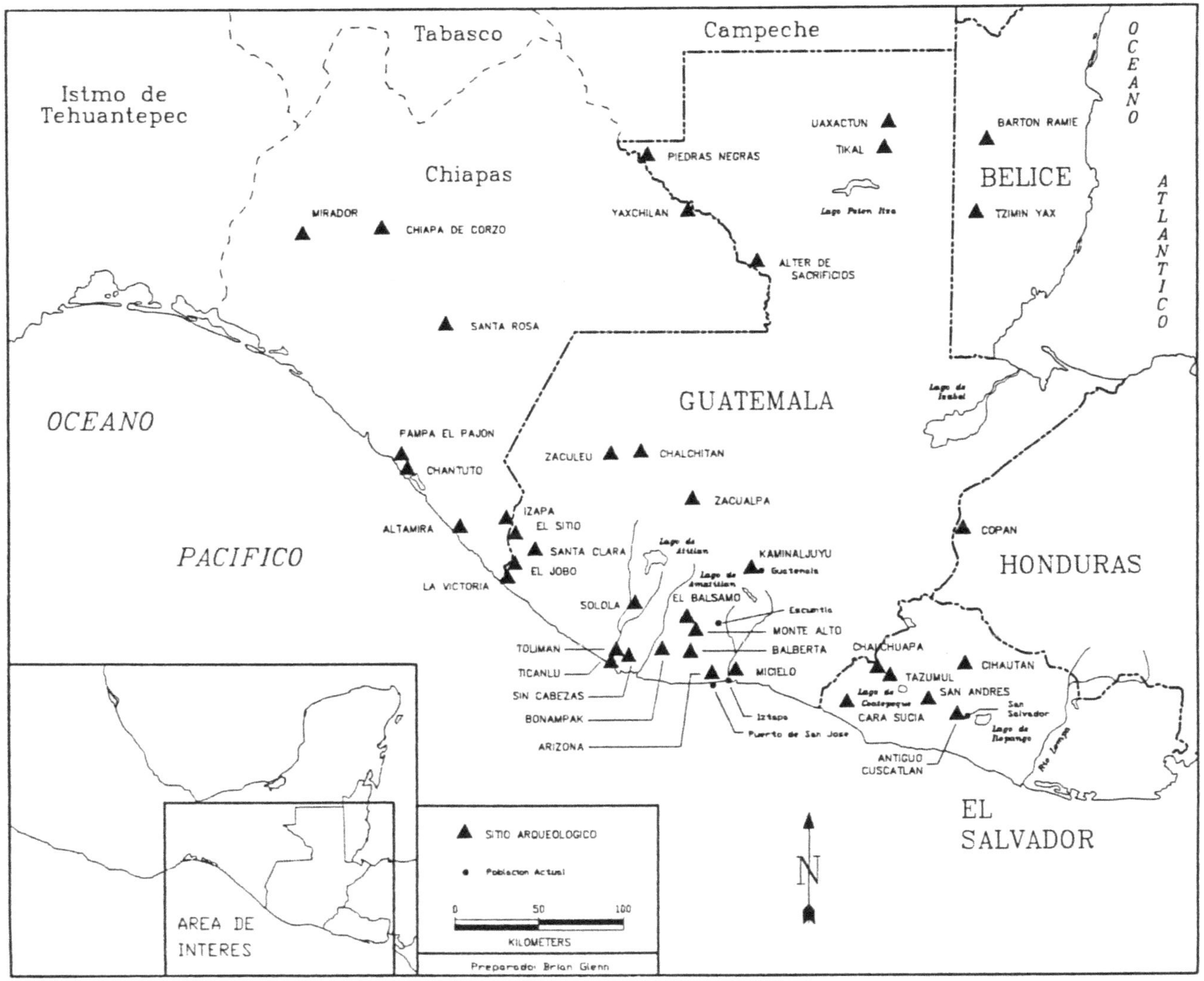
Istmo de
Tehuantepec
Tabasco
Campeche
Chiapas
MIRADOR
CHIAPA DE CORZO
SANTA ROSA
PIEDRAS NEGRAS
YAXCHILAN
ALTER DE
SACRIFICIOS
UAXACTUN
TIKAL
Lago Peten Itza
BARTON RAMIE
BELICE
TZIMIN YAX
OCEANO
ATLANTICO
GUATEMALA
OCEANO
PACIFICO
PAMPA EL PAJON
CHANTUTO
ALTAMIRA
IZAPA
EL SITIO
SANTA CLARA
EL JOBO
LA VICTORIA
ZACULEU
CHALCHITAN
ZACUALPA
KAMINALJUYU
Guatemala
SOLOLA
EL BALSAMO
Escuintla
MONTE ALTO
BALBERTA
MICIELO
TOLIMAN
TICANLU
SIN CABEZAS
BONAMPAK
ARIZONA
Iztapa
Puerto de San Jose
COPAN
HONDURAS
CHALCHUAPA
TAZUMUL
CIHAUTAN
SAN ANDRES
CARA SUCIA
San Salvador
ANTIGUO
CUSCATLAN
EL
SALVADOR
N
AREA DE
INTERES
SITIO ARQUEOLOGICO
Poblacion Actual
0
50
100
KILOMETERS
Preparado: Brian Glenn

FIGURA 3

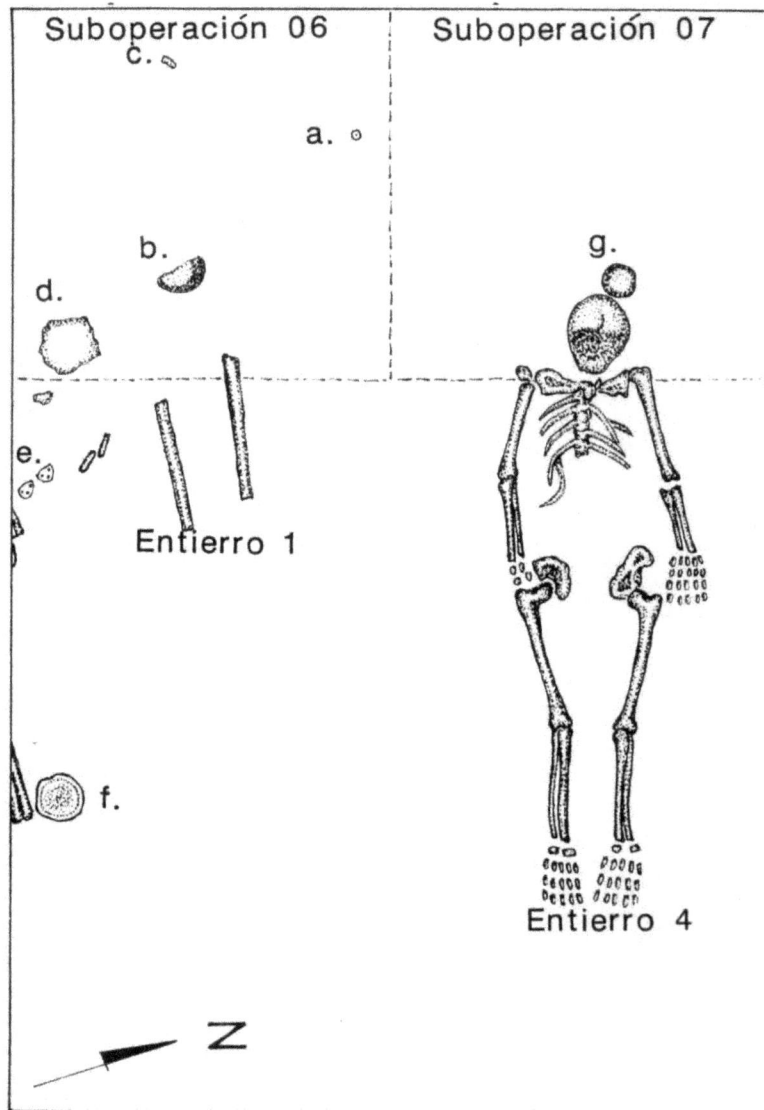

Suboperación 06   Suboperación 07

c.
a.
b.
d.
g.
e.
Entierro 1
f.
Entierro 4

Z

ENTIERROS 1 Y 4   a. cuenta de jade
                       b. mano de metate
                       c. y d. tiestos
                       e. malacates
FIGURA 4   f. craneo entierro 1?
                       g. cuenco

FIGURA 5

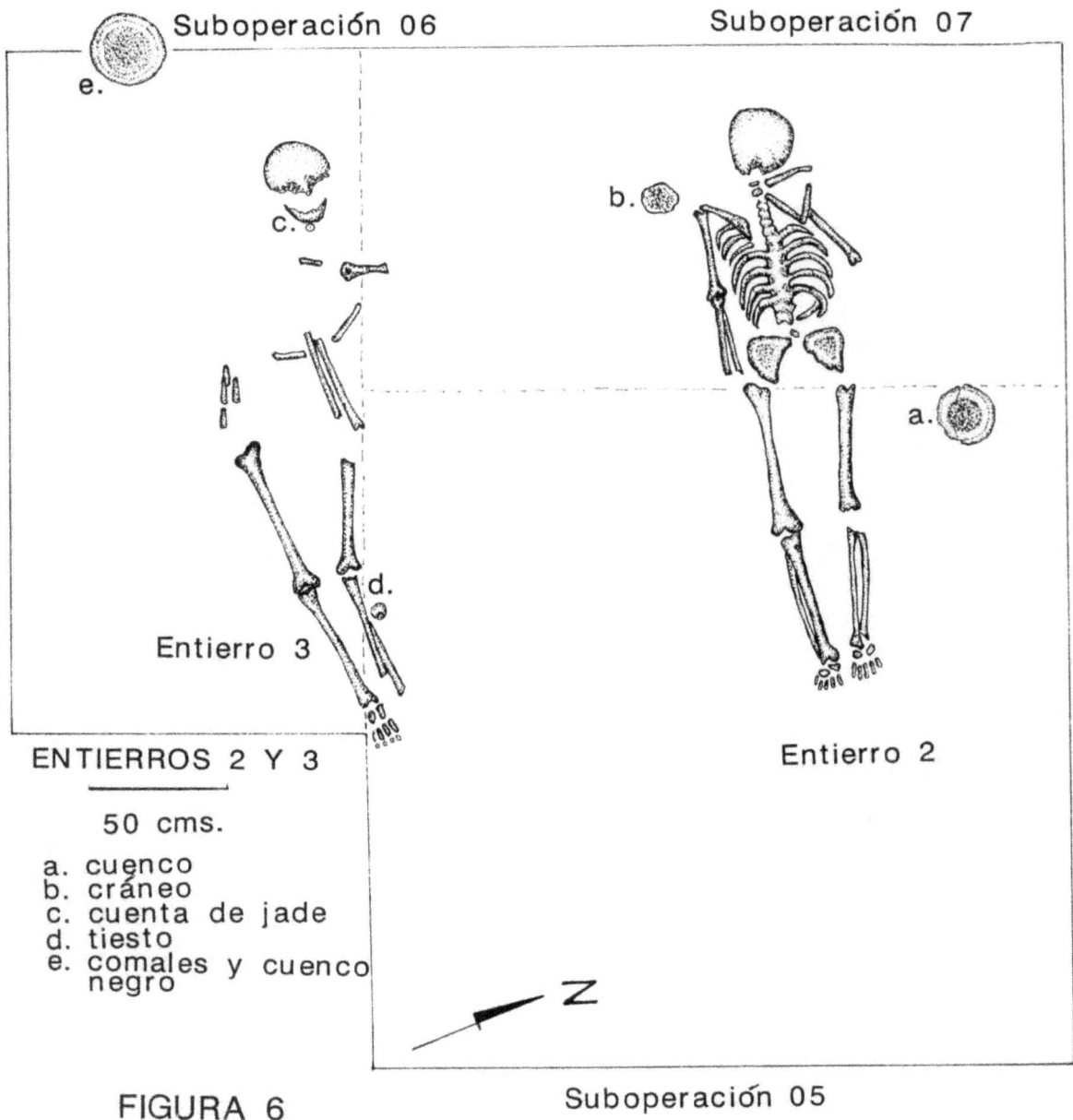

Suboperación 06　　　　　　　Suboperación 07

e.

b.

c.

a.

d.

Entierro 3

Entierro 2

ENTIERROS 2 Y 3

50 cms.

a. cuenco
b. cráneo
c. cuenta de jade
d. tiesto
e. comales y cuenco
　 negro

Z

FIGURA 6　　　　　　　Suboperación 05

FIGURA 7 B.

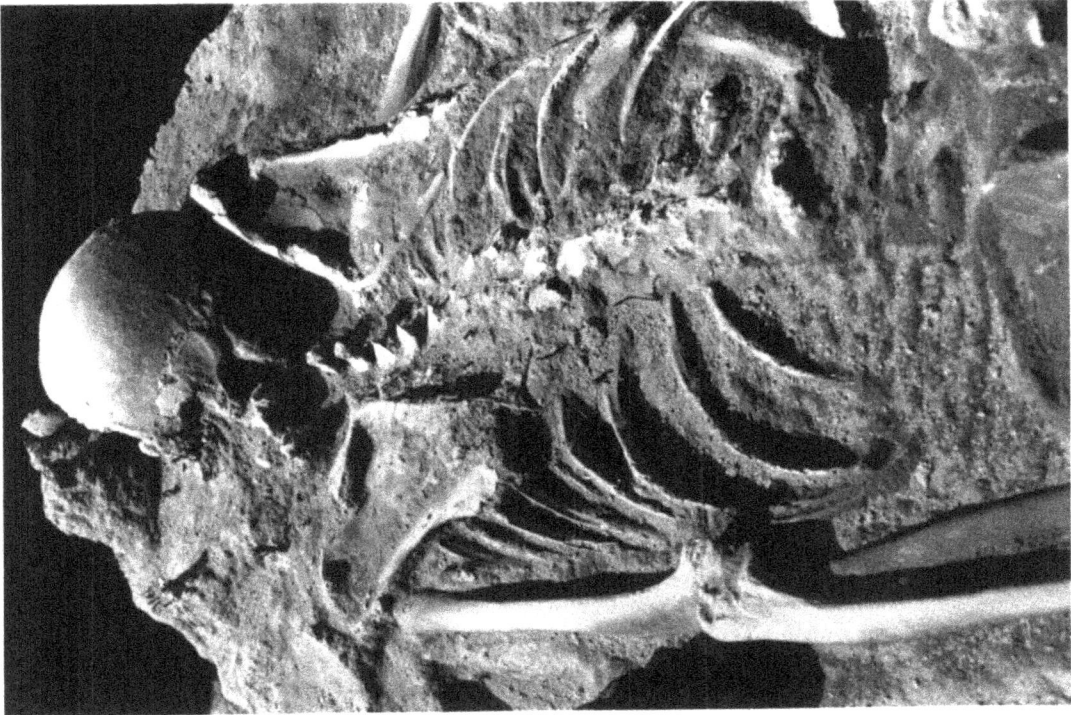

FIGURA 7 A.

FIGURA 8

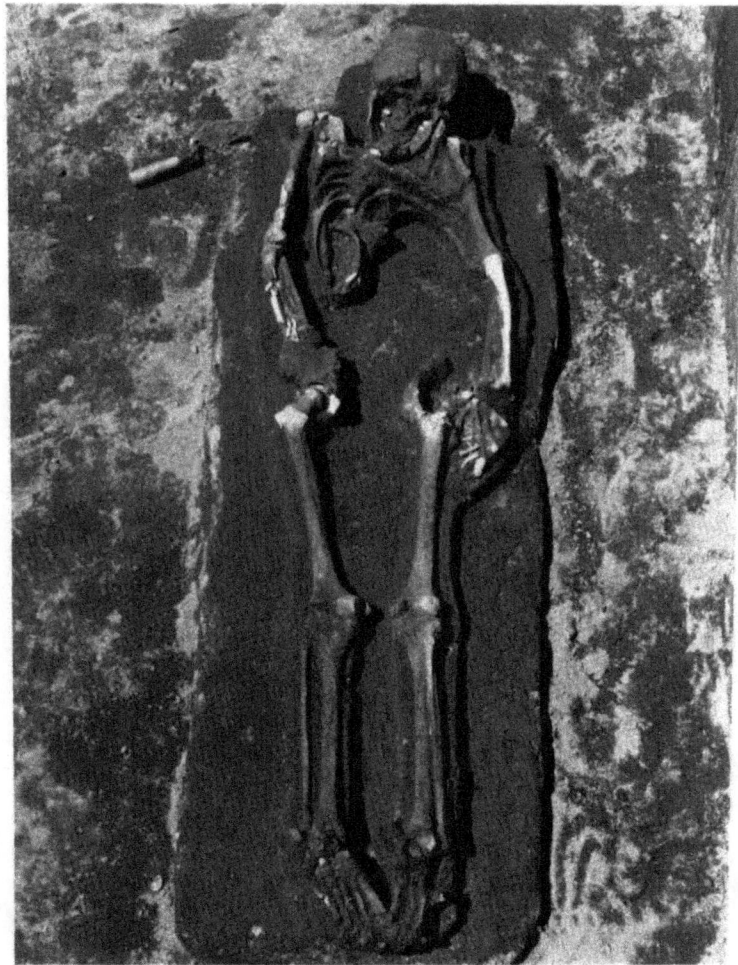

FIGURA 9

FIGURA 10

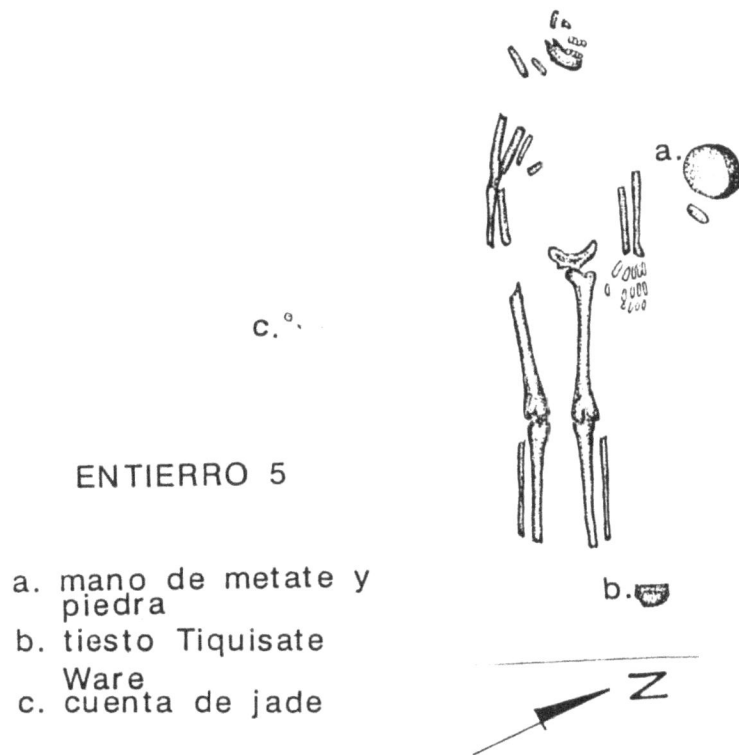

ENTIERRO 5

a. mano de metate y
   piedra
b. tiesto Tiquisate
   Ware
c. cuenta de jade

FIGURA 11

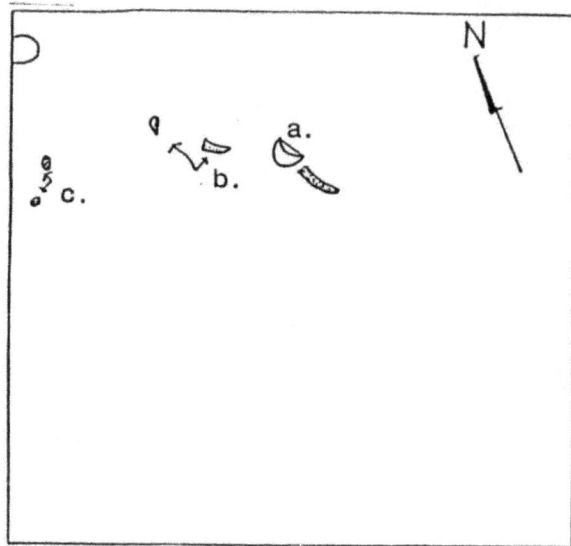

ENTIERRO 6   a. cuenco negro
b. huesos
c. fragmento de piedra

50 cms.

FIGURA 12

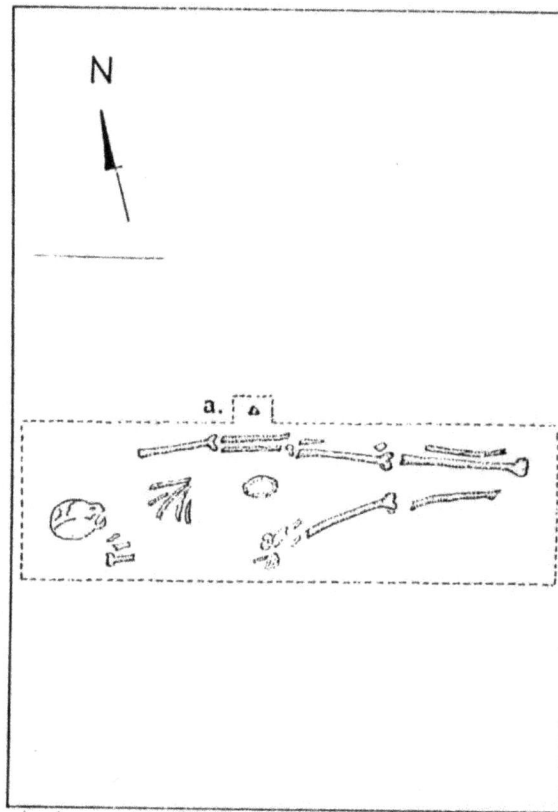

ENTIERRO 7   Suboperación 06

50 cms.   a. soporte mamiforme

FIGURA 13

FIGURA 14

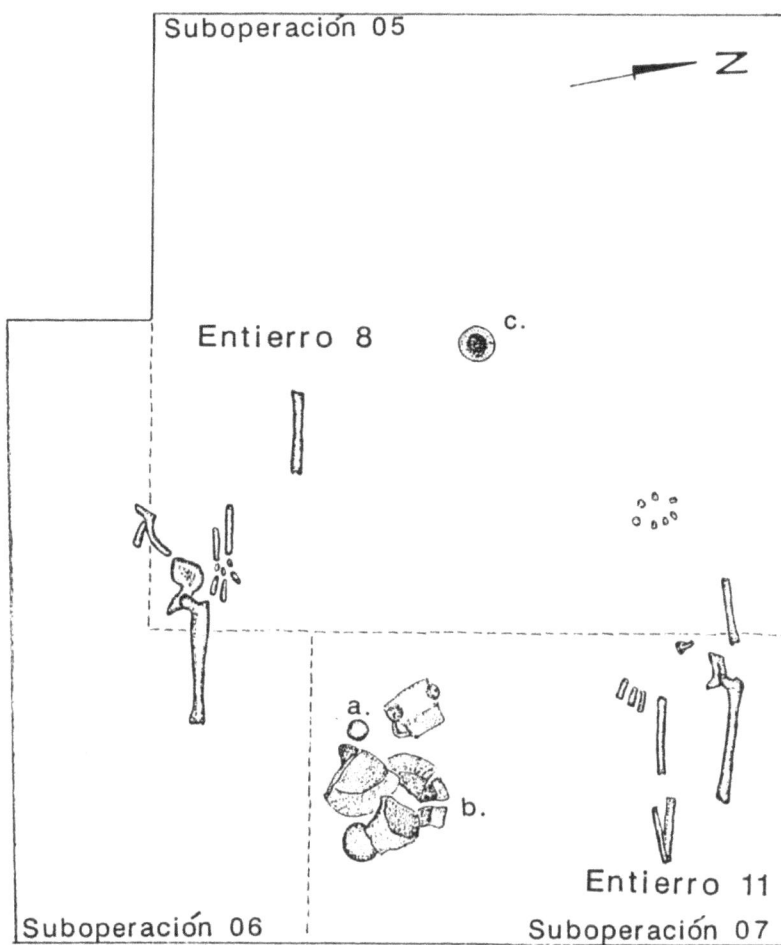

Suboperación 05

Entierro 8

c.

a.

b.

Entierro 11

Suboperación 06

Suboperación 07

ENTIERROS 8 Y 11

a. piedra
b. vasijas mamiformes
   Usulután
c. vaso negro

50 cms.

FIGURA 15

101

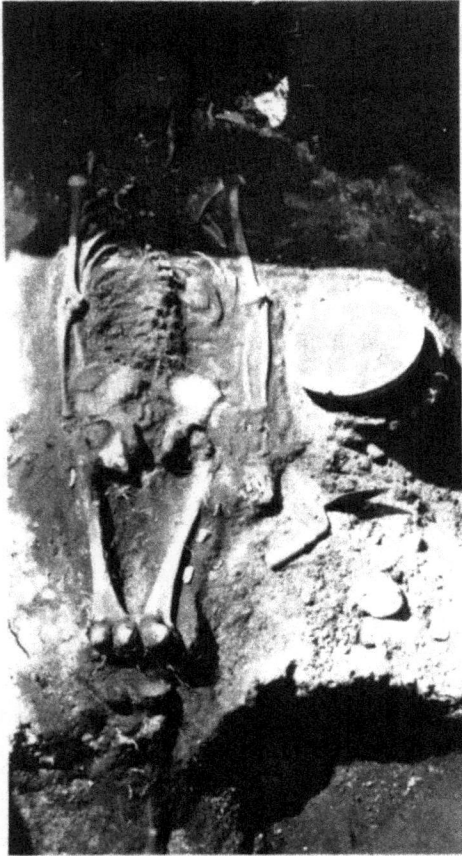

FIGURA 16

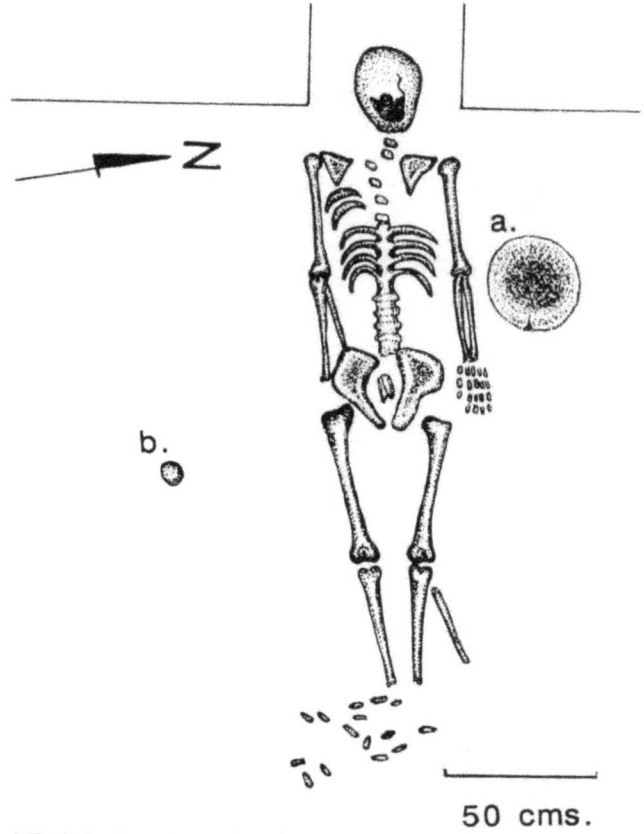

ENTIERRO 9
FIGURA 17

a. cuenco negro
b. piedra

50 cms.

102

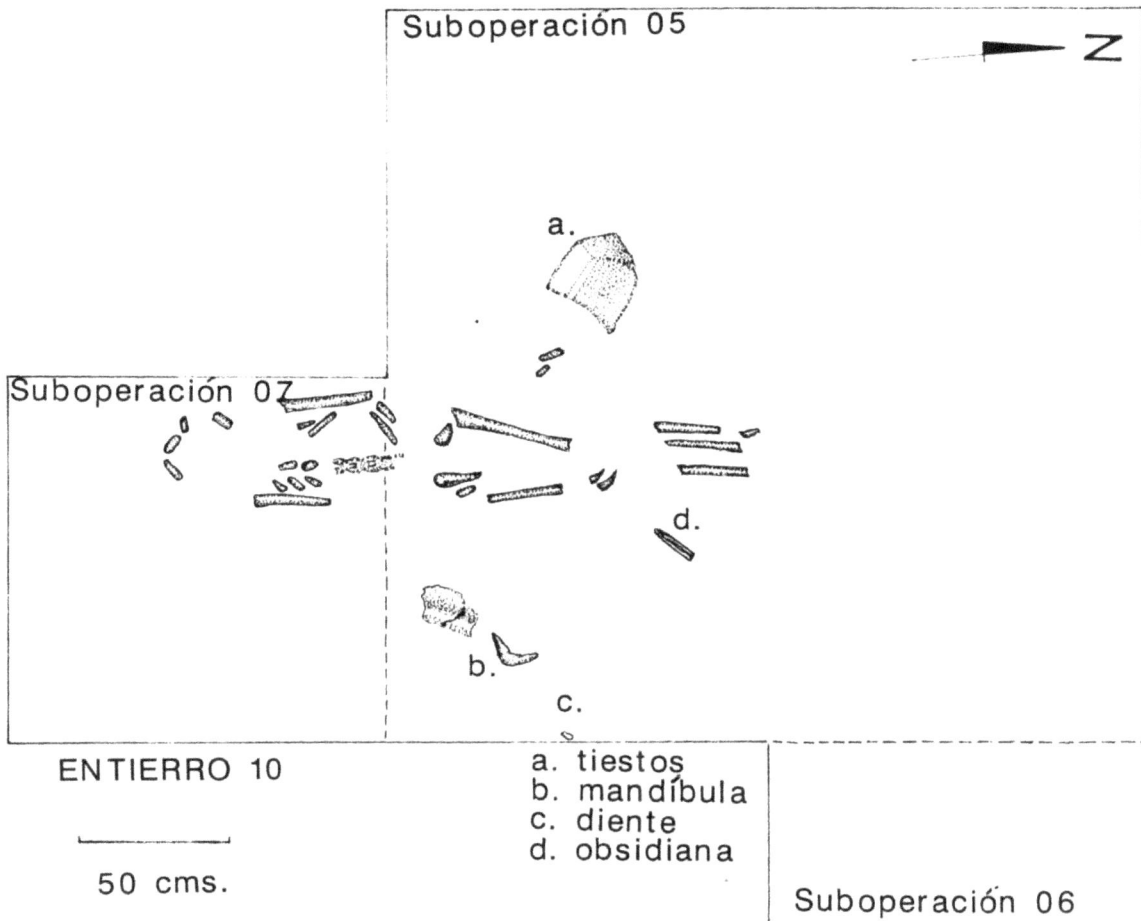

Suboperación 05

Suboperación 07

a.

d.

b.

c.

ENTIERRO 10

a. tiestos
b. mandíbula
c. diente
d. obsidiana

Suboperación 06

50 cms.

FIGURA 18

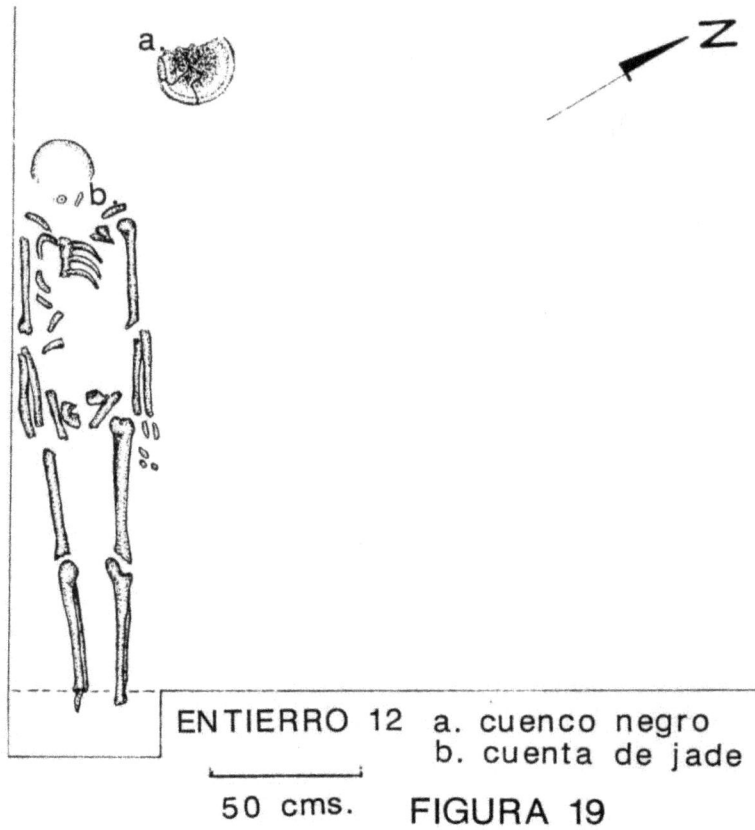

ENTIERRO 12 a. cuenco negro
b. cuenta de jade

50 cms. FIGURA 19

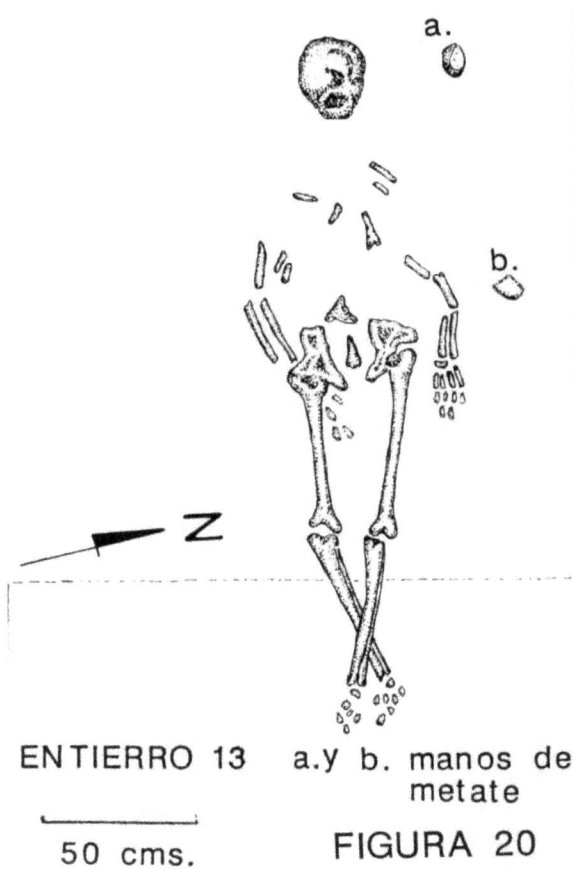

ENTIERRO 13 a.y b. manos de
metate

50 cms. FIGURA 20

104

FIGURA 21

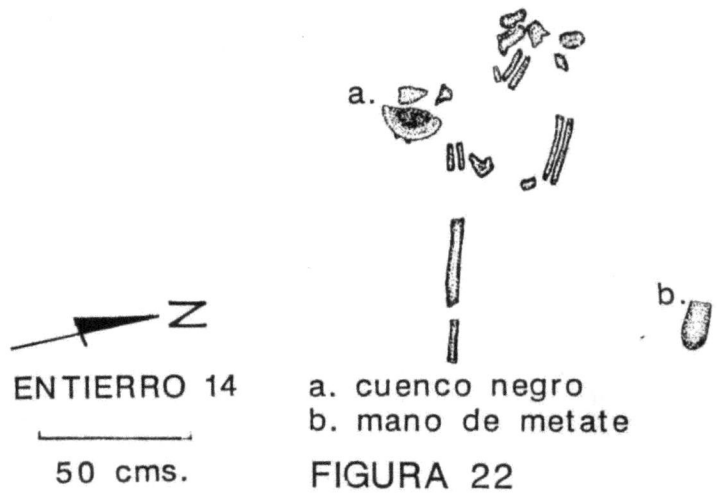

ENTIERRO 14

50 cms.

a. cuenco negro
b. mano de metate

FIGURA 22

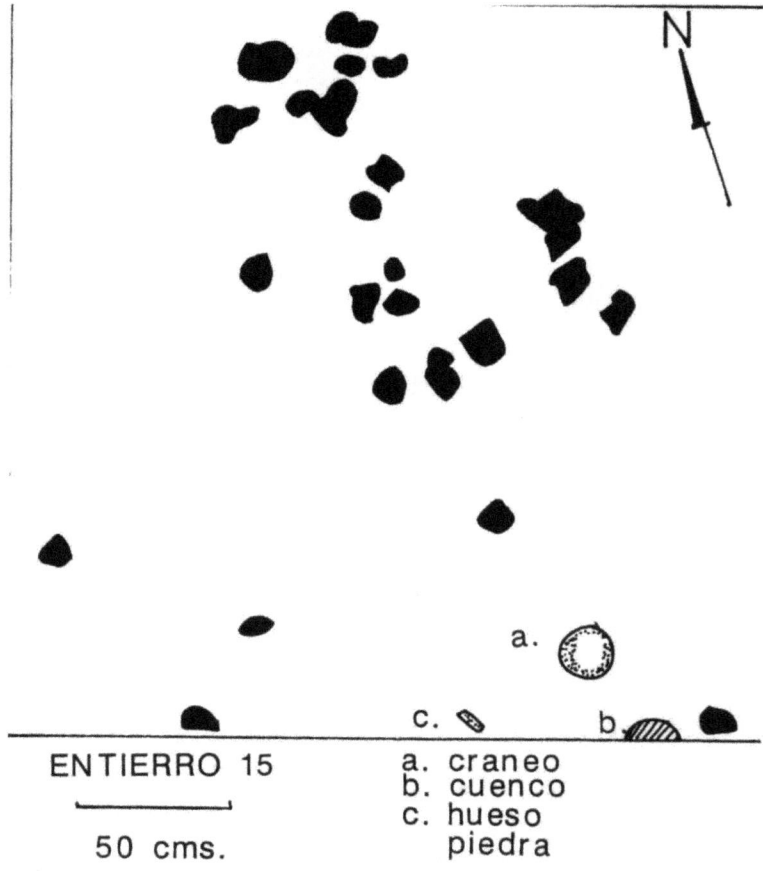

ENTIERRO 15

50 cms.

a. craneo
b. cuenco
c. hueso
   piedra

FIGURA 23

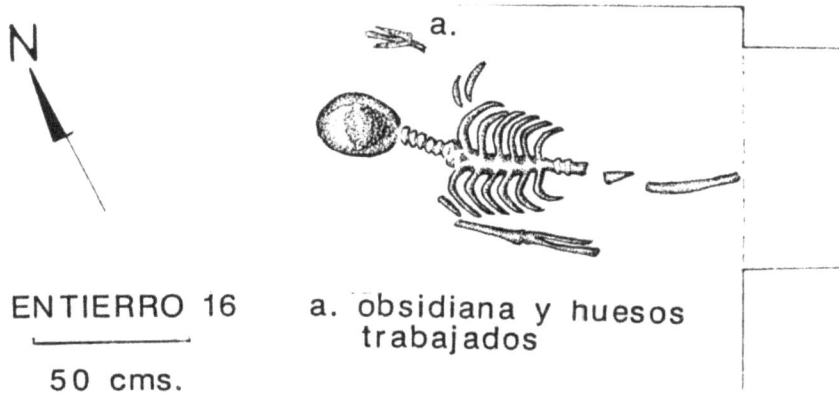

ENTIERRO 16   a. obsidiana y huesos
                      trabajados

50 cms.

FIGURA 24

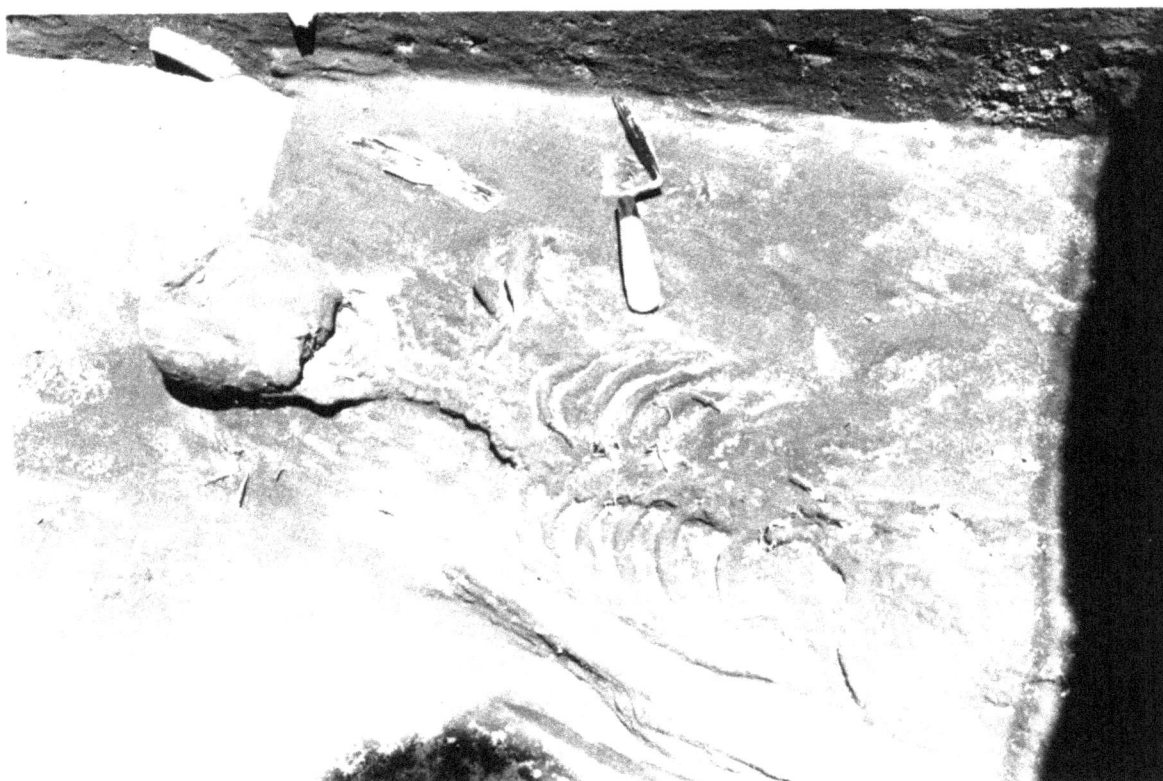

FIGURA 25

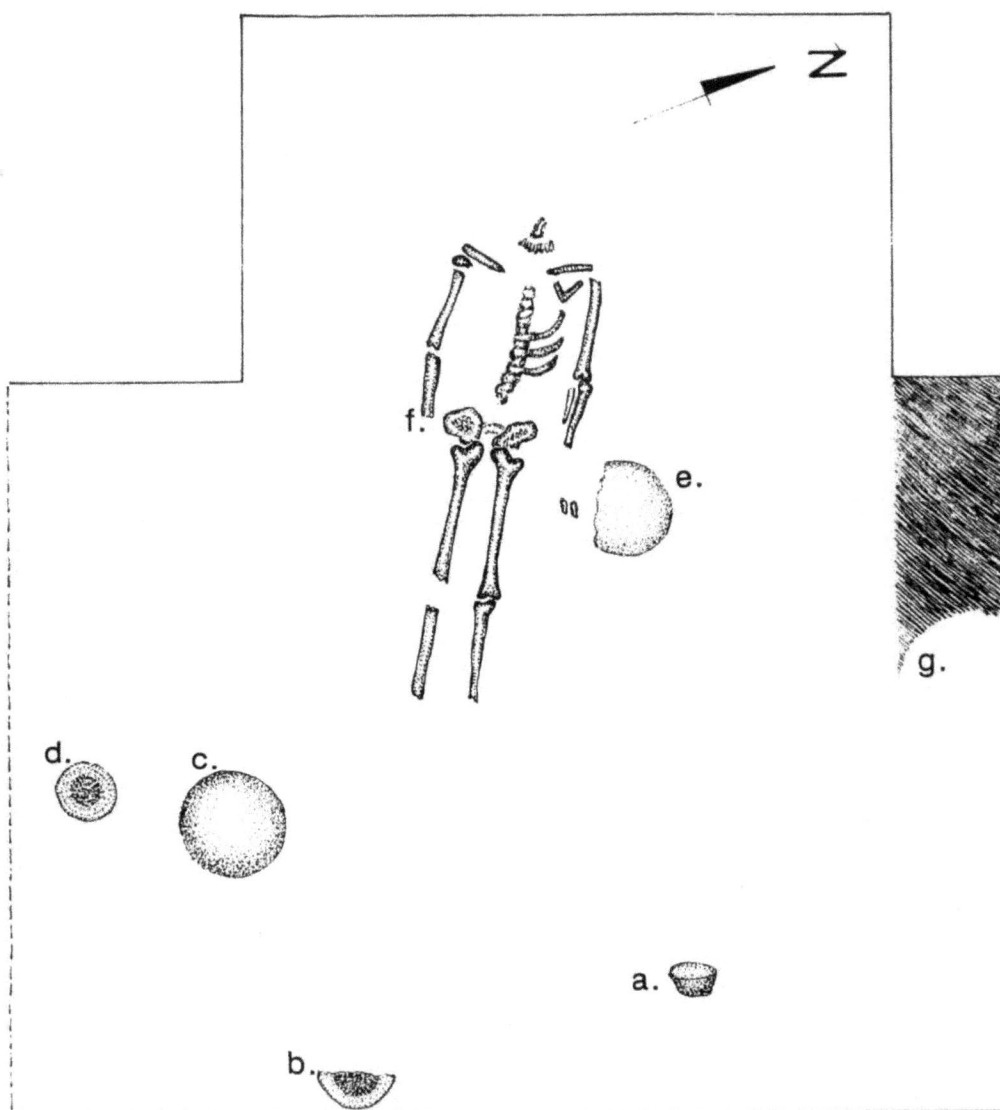

ENTIERRO 17 a. vaso naranja e. comal
b. plato f. disco de cerámica
50 cms. c. comal g. piso de barro
d. cuenco quemado

FIGURA 26

FIGURA 27 A.

FIGURA 27 B.

datum

tiestos y huesos

tiestos y huesos

a. c. b.

ENTIERRO 18
Perfil Norte

|—————————|
50 cms.

a. bordes de urna
b. cuenco
c. punta de obsidiana verde
   estructura de barro

FIGURA 28

FIGURA 29

Suboperación A4 | ventana norte

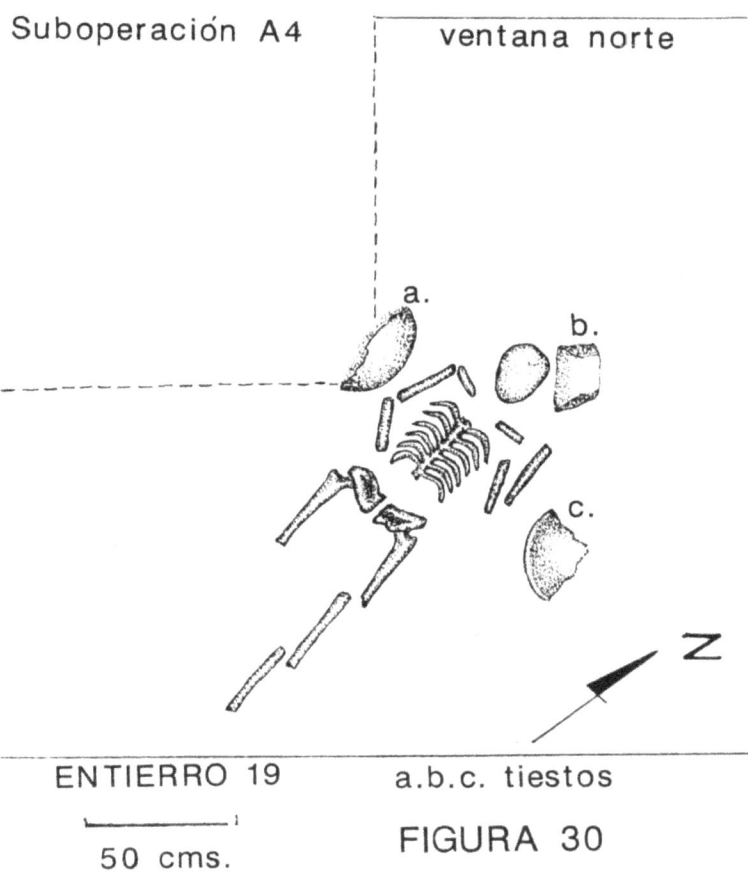

ENTIERRO 19   a.b.c. tiestos

50 cms.   FIGURA 30

FIGURA 31

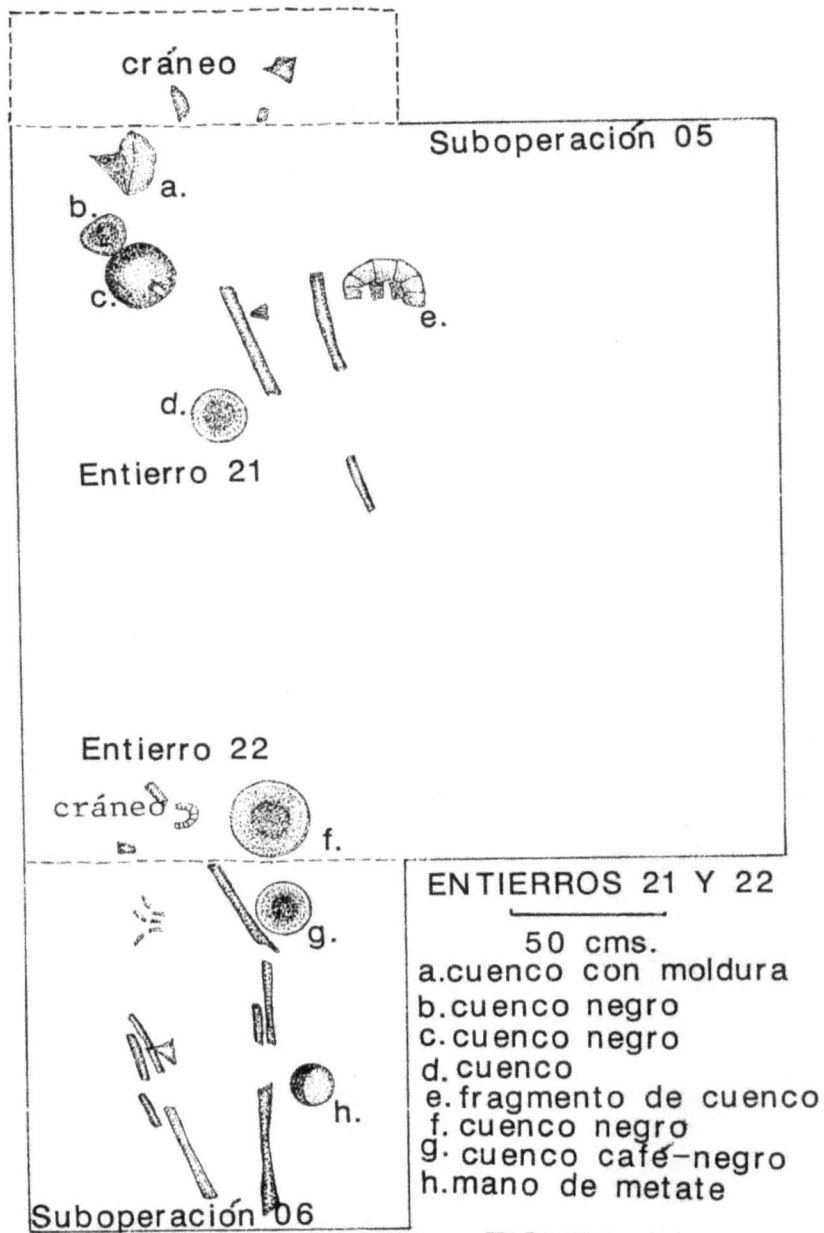

cráneo

Suboperación 05

a.
b.
c.
e.
d.
Entierro 21

Entierro 22

cráneo
f.

ENTIERROS 21 Y 22

g.

50 cms.
a. cuenco con moldura
b. cuenco negro
c. cuenco negro
d. cuenco
e. fragmento de cuenco
f. cuenco negro
g. cuenco café-negro
h. mano de metate

h.

Suboperación 06

FIGURA 32

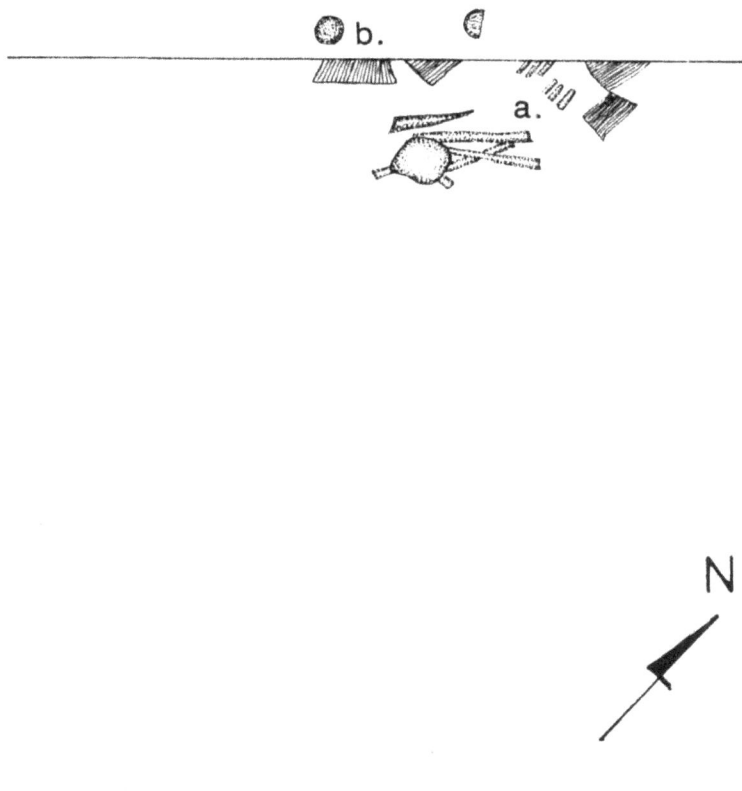

ENTIERRO 23   a. tiestos
              b. fragmento de cuenco

50 cms.   FIGURA 33

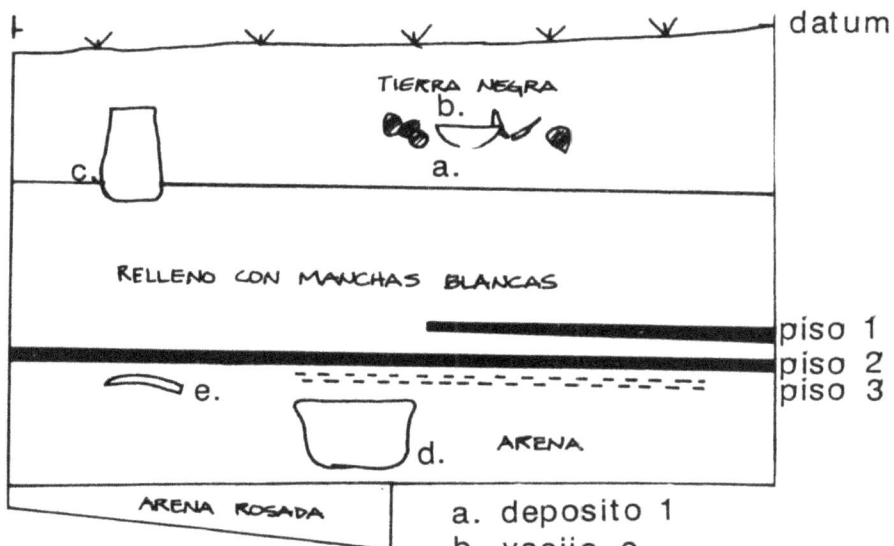

PERFIL NORTE 602302   a. deposito 1
                      b. vasija 2
50 cms.   c. vasija 1
                      d. vasija 3 — Entierro 24
                      e. vasija 4

FIGURA 34

113

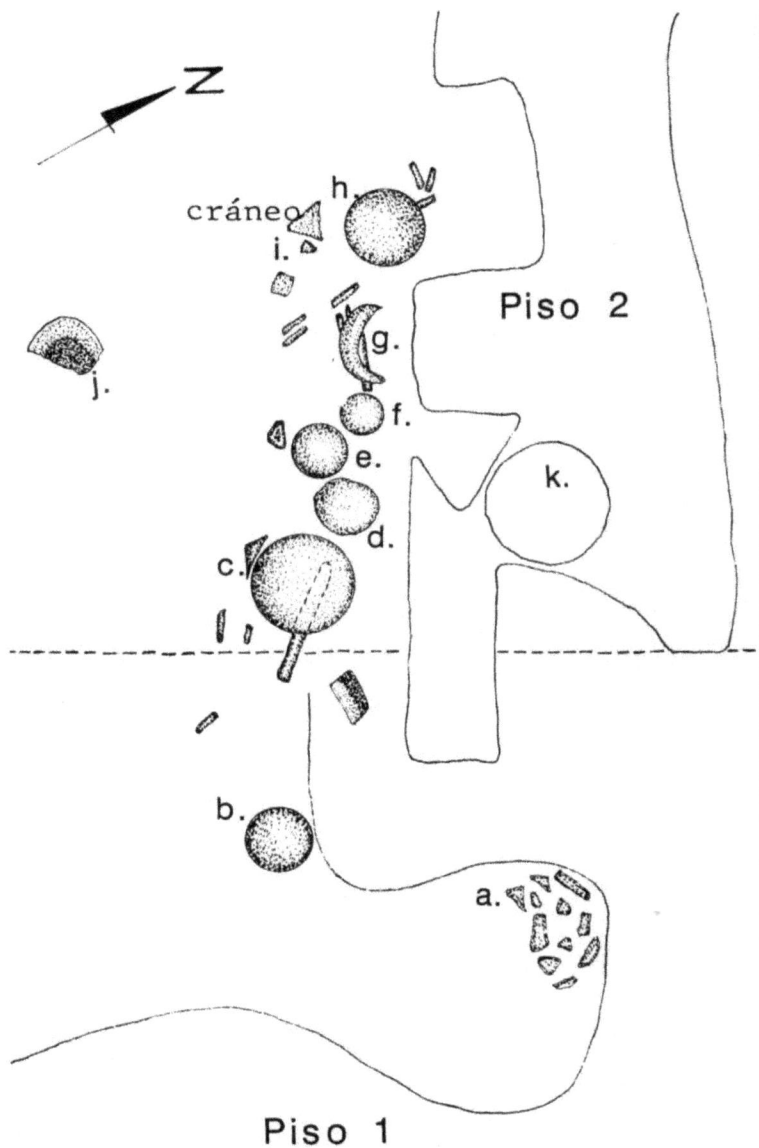

Piso 2

Piso 1

ENTIERRO 25

50 cms.

a. depósito de tiestos
b. cuenco café
c. cuenco negro
d. mano de piedra
e. cuenco negro
f. cuenco negro con efigie
g. cuenco cafe
h. cuenco naranja
i. pendiente de jade
j. fragmento de cuenco negro
k. área de barro quemado

FIGURA 35

114

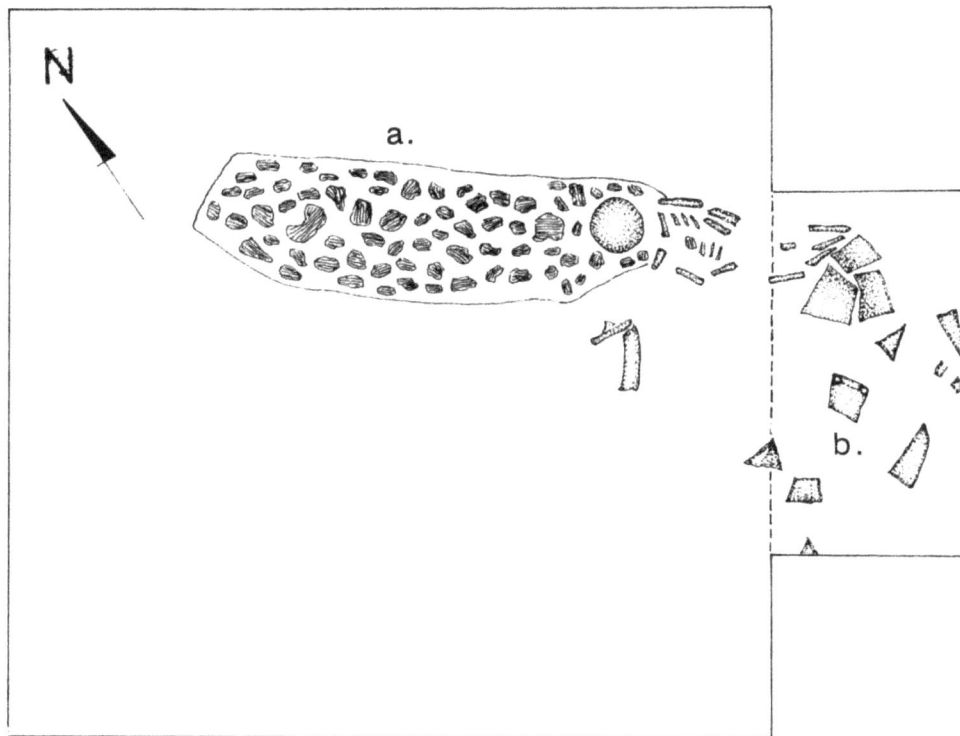

ENTIERRO 26   a. terrones de barro quemado

50 cms.   b. tiestos

FIGURA 36